Uwe Waterstraat

Storys aus dem Buch des Lebens

Uwe Waterstraat

Storys aus dem Buch des Lebens

Rediroma-Verlag

Bibliografische Information der Deutschen Nationalbibliothek:
Die Deutsche Nationalbibliothek verzeichnet diese Publikation in der Deutschen Nationalbibliografie; detaillierte bibliografische Daten sind im Internet über https://portal.dnb.de abrufbar.

ISBN 978-3-96103-505-2

www.rediroma-verlag.de
16,95 Euro (D)

Danksagung

Ich bedanke mich bei all denen, die persönlich an den Geschichten beteiligt waren oder Erzählungen beigesteuert haben. Ein besonderer Dank geht an einen ehemaligen Studien- und Arbeitskollegen, Gerhard Preußler.

Vielen Dank an den Rediroma-Verlag, der den Druck des Büchleins wieder einmal möglich machte.

Und natürlich danke ich meiner lieben Frau Isolde, meiner Tochter Janin und meinem Enkel Jonas. Dieses Buch ist für Euch.

Das Leben ist wie ein leeres Buch.
Jeden Tag schreibst du an deiner Geschichte weiter.

Inhalt

Vorwort

Seit Menschengedenken werden Geschichten erzählt – Geschichten über das Vergangene und das Gegenwärtige, über Gehörtes und selbst Erlebtes, über Komisches und Tragisches. Geschichten helfen, das Leben zu verstehen; sie überliefern unser Wissen, Denken und Fühlen an die nachfolgenden Generationen.

Mit der Entwicklung der Sprache begannen die Menschen, sich einander mitzuteilen, zunächst mündlich, dann mithilfe von Zeichensystemen. Die ersten Erzählungen wurden in Form von Höhlenbildern fixiert, später entstanden schriftlich verfasste Geschichten und filmische Darstellungen. Im digitalen Zeitalter spielen hingegen Fotos und Emoticons eine große Rolle. Ob Instagram, Facebook oder YouTube – das Erzählen ist wieder visueller geworden.

Die Medien mögen sich gewandelt haben, aber das Bedürfnis nach Unterhaltung und Austausch ist unverändert hoch geblieben. Zur Kunst des Geschichtenerzählens gehört dabei auch die Ausschmückung. Manche Geschichten enthalten Halbwahrheiten, andere – wie Lügendichtungen und *fake news* – sind frei erfunden. Die kuriosesten Geschichten jedoch entstammen oft der Realität. Vieles im Leben passiert einfach, und es liegt an uns, wie wir damit umgehen.

Die folgenden Storys beruhen allesamt auf wahren Begebenheiten. Ich habe sie teils selbst erlebt, teils erzählt bekommen. Die Namen der beteiligten Personen sind natürlich geändert worden. Sollte sich dennoch jemand wiedererkennen, ist das nicht weiter verwunderlich. Wir alle hatten schon Ärger mit Ämtern, Nachbarn oder der Familie, hatten unglaubliche Reiseerlebnisse oder peinliche Ausrutscher. Und das ist doch ziemlich beruhigend …

1. Die Jeep-Safari

Scheint dir der Fahrer nicht geheuer,
setz dich lieber selbst ans Steuer.

Diese Geschichte ereignete sich auf meiner Lieblingsinsel der Kanaren, nämlich auf Teneriffa im Atlantischen Ozean. Dort habe ich mit der Familie und mit Freunden bereits mehrmals richtig tollen Urlaub verbracht. Wir umrundeten die Insel mit dem Touristenbus, bestaunten und fotografierten alle Sehenswürdigkeiten und kosteten die einheimischen Spezialitäten. Auch wenn mir die ungeschälten, stark gesalzenen Kartoffeln nicht so besonders geschmeckt haben, war alles andere sehr lecker, besonders das zarte, hervorragend gewürzte Kaninchenfleisch. Und natürlich haben wir auch die landesüblichen Getränke probiert, darunter auch alkoholische. Besonders hatte es uns der schwarze Stier auf gelblichem Etikett angetan, da konnten einem morgens schon mal Hörner wachsen …

Unser ‚Basislager' befand sich immer im Süden der Insel, in Playa de las Americas, allerdings hatten wir für jeden Urlaub ein anderes Hotel gebucht. Bei der Auswahl arbeiteten wir uns immer dichter an den Strand vor, womit auch die Anzahl der Sterne zunahm und vor allem die Preise enorm anstiegen. Der Sand an den Stränden hätte mal gereinigt werden müssen, er sah doch ziemlich grau, fast dreckig aus, aber dann erklärte man uns, dass die gesamte Insel aus Vulkangestein bestehe und das völlig normal sei, so wie auch größere Brocken aus Vulkangestein den Strand säumen. Ich würde es also nicht als absolutes Badeparadies bezeichnen, aber es gab ständig hohe Wellen, die nicht ganz ungefährlich waren. Für Surfer war es das reinste Eldorado und es war sehr interessant, ihnen beim Wellenreiten zuzusehen.

Im Zentrum der Insel sah es ungefähr so aus wie auf dem Mond: riesige vulkanische Krater mit viel Geröll und erstarrten Lavaströmen. Überall konnte man bizarre Gebilde aus Lava bewundern und mit einiger Fantasie auch bestimmte Formen und Figuren erkennen, wie zum Beispiel einen Bären oder einen Finger.

Auf einen Mietwagen haben wir immer verzichtet. Wir düsten lieber mit einer Touristengruppe über die Insel. Da erfuhren wir sehr viel über Land und Leute, hatten keinen Stress und viel mehr Spaß, als einsam mit dem Auto herumzuirren. Einmal nun wurde in unserem Hotel mit großen, bunten Plakaten für eine Jeep-Safari auf der benachbarten Insel La Gomera geworben. Auf ihnen waren tolle Geländewagen im hügligen Wüstensand zu bewundern. Wir hatten bisher noch keine Safari mitgemacht, aber viel Gutes darüber gehört. Da ich selbst große Lust hatte, es einmal auszuprobieren, versuchte ich meine Familie davon zu überzeugen, zumal mit einem Erinnerungsvideo von der Tour gelockt wurde. Die Begeisterung der Familie hielt sich in Grenzen, letztendlich ließen sich aber alle überreden mitzukommen, und so wurde der Trip für fünf Personen gebucht.

Dann kam der Tag, an dem unsere Safari starten sollte, alle waren mächtig aufgeregt. Zu Fuß ging es über einige Straßen, quer durch einen Park und dann zu einem spanischen Reiseunternehmen, das die Touren organisierte. Auf dem Parkplatz vor dem Gebäude standen die Jeeps aufgereiht und die meisten Teilnehmer waren schon da. Wir trudelten wohl etwas zu spät ein, denn es wurden gerade die letzten Hinweise gegeben, die Safariteams waren schon eingeteilt. Wer unser Fahrer sein sollte, wussten wir nicht, doch plötzlich sprach uns ein älterer Herr an und stellte sich uns als Fahrer für die Safari vor: Sein Name sei Erwin, er komme aus Wuppertal, hätte – wie wir – die Safari gebucht, und wir würden nun gemeinsam die Jeep-Safari auf

La Gomera bestreiten. Irgendwie kam uns die Sache etwas spanisch vor und wir hakten nach, ob er denn ein Fahrer des Reiseunternehmens sei. Darauf antwortete er uns, dass er auch nur ein Tourist sei und unbedingt mal einen Jeep fahren wollte, so wie auch alle anderen Fahrzeuge direkt an die Urlauber vergeben worden waren. Nur ein Jeep würde vom Reiseleiter des Veranstalters gefahren, und der solle die Tour auf der Strecke anführen. Darüber war ich im ersten Moment doch stark verwundert, da ich ursprünglich angenommen hatte, von Profis durch das Gelände kutschiert zu werden. Ich persönlich hätte es mir gar nicht zugetraut, als Fahrer zu fungieren, aber nun war es einmal so, da mussten wir durch.

Dann ging es endlich los. Alle Jeeps fuhren hintereinander vom Parkplatz zum Hafen von Santa Cruz, um von dort aus mit der Fähre nach La Gomera überzusetzen. Erwin hatte Mühe, Anschluss zu halten, und einige Male war die Ampel schon violett, auch das Schalten der einzelnen Gänge wollte am Anfang nicht so richtig klappen. Na klar, er musste sich erst an das Fahrzeug gewöhnen, denn vor dem Hoch- oder Runterschalten musste erst Zwischengas gegeben werden, um den Gang einlegen zu können, wie bei dem alten Lkw H 5, mit dem ich 1976 meine Fahrerlaubnis gemacht hatte.

Mit dem Jeep ging es dann in den Bauch der Fähre – eine sehr enge Angelegenheit, denn die Autos standen dicht gedrängt nebeneinander, sodass man nur schwer aussteigen konnte. Bei der Einweisung wurde darauf hingewiesen, den Schlüssel im Fahrzeug stecken zu lassen, damit jederzeit rangiert werden konnte. Wir quälten uns aus dem Wagen und gingen auf das obere Deck, um nach Delfinen Ausschau zu halten, die hier häufig zu sehen sein sollten. Unser Fahrer verschwand derweil, und wir bekamen ihn bis zur Ankunft nicht mehr zu sehen. Als wir schließlich angelegt hatten, öffnete sich der Bug und ein wild winkendes Besatzungsmitglied lotste Fahrzeug für Fahrzeug von der Fähre. Wir verließen das Schiff zu Fuß und sammelten uns an den Fahrzeugen. Nur unseren Jeep nebst Fahrer konnten wir dort nicht finden.

Als wir uns umschauten, sahen wir unseren Jeep noch einsam auf der Fähre stehen, doch Erwin war weit und breit nicht zu sehen, und im Fahrzeug steckte offenbar auch kein Schlüssel, sonst wäre es schon heruntergefahren worden. Mit dem Tour-Guide suchten wir nun ganz aufgeregt nach unserem Fahrer, der dann plötzlich auftauchte – er hatte sich angeblich so lange auf der Toilette aufgehalten. Der Tour-Guide wechselte kurz ein paar ernste Worte mit Erwin, dann rollte auch unser Jeep langsam von der Fähre zum Sammelpunkt. Nun ging es endlich in das Innere der Insel.

Die Straße war ziemlich schmal und sehr kurvenreich. Die Safari führte in die Berge, links und rechts verliefen tiefe Schluchten, die schon etwas Furcht einflößend wirkten. Erwins unruhige Fahrweise kam noch hinzu. Besonders wenn ein Auto von vorn auftauchte, waren wir froh, heil vorbeigekommen zu sein. Ja, er machte am Steuer nicht den sichersten Eindruck, vor allem was das Schalten betraf, musste er kämpfen. Meine hinten sitzende Familie bekam langsam Angst und musste sich ordentlich festhalten. Auch ich verkrampfte allmählich auf meinem Beifahrersitz und bremste voll mit; mein linkes Bein war schon ganz steif.

Erwins Fahrweise war uns überhaupt nicht geheuer. So hatten wir uns die Safari auf keinen Fall vorgestellt. Er wollte sich und uns doch nicht in den sicheren Tod fahren? Nein, das durfte auf keinen Fall passieren! Ich nahm mir ganz fest vor, beim nächsten Stopp das Steuer zu übernehmen, einfach zu sagen, dass ich auch mal fahren wolle, und es danach nicht mehr aus der Hand zu geben.

Während ich noch an einer Strategie feilte, kam uns plötzlich in einer Kurve ein Reisebus entgegen und Erwin fing leicht zu rudern an. Nur um Haaresbreite streiften wir am Bus vorbei – da war das Maß voll! Meinen Plan musste ich kurzfristig umsetzen, wenn wir die Fahrt überleben wollten. Was sollte erst im Gelände, auf der eigentlichen Safaristrecke passieren? Zum Glück verließen wir vorher die Hauptstraße und legten an einer Taverne eine Pause ein. Ich sprach mich noch einmal mit meiner Familie ab und klärte anschließend mit Erwin den Wechsel am Steuer des Jeeps. Erwin nickte nur zustimmend und setzte sich später ohne Murren auf den Beifahrersitz. Die anderen nahmen wieder hinten Platz und ab ging es über eine Buckelpiste durch eine steppenähnliche Landschaft und über hohe Sanddünen. Hinten stand die Familie, weil das Sitzen bei der Wackelei kaum möglich war; alle hielten sich mit beiden Händen an Rahmen fest und hatten ihren Spaß. Ich musste mich sehr konzentrieren, die Bodenwellen richtig anzufahren und vor allen Dingen darauf zu achten, nicht im Sand stecken zu bleiben, aber es machte mir mit der Zeit auch einen Heidenspaß.

Der Jeep des Tour-Guides hatte – wie angekündigt – eine Kamera an Bord und filmte das Ganze. Ab und zu stoppte er, um ein besonderes Panorama zu präsentieren, sodass wir selbst die Möglichkeit hatten, Fotos zu machen. Auch ein gemeinsames Gruppenfoto mit allen Fahrzeugen und der herrlichen Landschaft im Hintergrund wurde geschossen.

Ich gab das Steuer an diesem Tag nicht mehr aus der Hand, alle waren zufrieden, auch Erwin hatte sich mit seiner Rolle als Beifahrer abgefunden. So hatten wir alle sehr viel Spaß, die Angst war verflogen und jeder konnte die Safari voll genießen. Hätte ich vorher gewusst, dass bei der Safari keine Profis am Steuer sitzen, hätte ich den Ausflug für die Familie möglicherweise nicht gebucht, so aber konnten wir alle eine wichtige Erfahrung machen.

2. Blackout

Ist dein Auto weg, vielleicht gestohlen,
musst du nicht gleich fluchen,
sondern erst mal selber suchen.

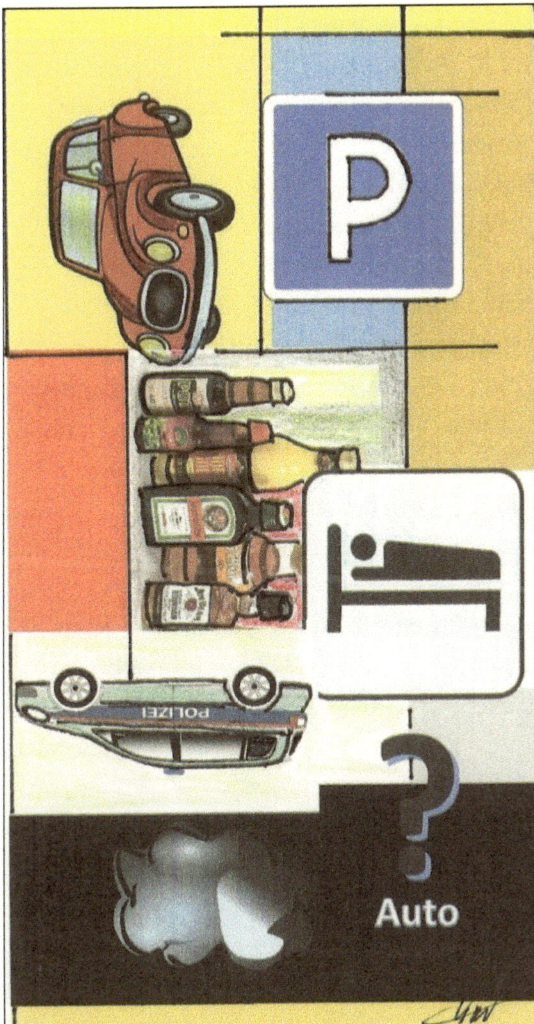

Die folgende Geschichte hat sich kurz nach der Wende zugetragen. Jenseits der Grenze gab es vieles, worauf die Mehrheit der Ostdeutschen richtig scharf war, zum Beispiel wollte sich jeder endlich seinen langjährigen Traum erfüllen und ein West-Auto fahren. Plötzlich waren viele bereit, sich von ihrer Pappe zu trennen, die bis dahin ihr ganzer Stolz gewesen war.

Auch Horst, der einen Trabi fuhr, gehörte dazu. Für das Auto hatte er sich 1974 angemeldet, genau genommen hatte er die Anmeldung seinem Bruder für 1.000 Mark abgekauft, der zu diesem Zeitpunkt dringend etwas Geld für seine neue Wohnung brauchte. Nach dreizehn Jahren Wartezeit erfolgte dann endlich die Auslieferung.

Leider hatte Horst mit dem Trabi nicht allzu viel Glück. Schon nach einem Jahr brauchte er einen neuen Motor; er hatte die zwei Kolben mit einer falschen Tankfüllung festgefahren. Viele werden es vielleicht heute noch wissen, dass man den Zweitaktmotor mit einem speziellen Benzingemisch fahren musste, ansonsten ging der Motor in die Brüche. Nun war sein Auto für einen längeren Zeitraum außer Gefecht gesetzt, denn ein neuer Motor war sowieso nicht zu bekommen und die Beschaffung eines regenerierten Austauschmotors glich der Suche nach Goldstaub. Der Trabi musste für diese Zeit jedenfalls sicher abgestellt werden, sonst wäre er in wenigen Tagen als Ersatzteilspender ausgeschlachtet worden.

Als das Auto endlich wieder fahrbereit war, kam die Wende. Horst verkaufte seinen Trabi für ganze 1.000 DM an einen jungen Arbeitskollegen, der gerade seinen Führerschein bestanden hatte. Der war glücklich mit dem fast nagelneuen Wagen, immerhin war der Motor generalüberholt und hatte kaum Kilometer runter. Horst hingegen fasste einen West-Wagen ins Auge.

Den Tipp für ein preiswertes Auto bekam er von seinen Verwandten aus Viersen. Sie rieten ihm grundsätzlich davon ab, bei einem halbseidenen Händler ein gebrauchtes Auto zu kaufen, da würde man ihn auf jeden Fall übers Ohr hauen. Beim Autohändler ihres Vertrauens hatten sie einen neuen Mazda 323 mit Stufenheck entdeckt, für den man in Berlin schon mal 21.000 DM hinlegen musste. Er sollte 18.000 DM kosten, und die Verwandten wollten sogar etwas Geld dazugeben. Das war natürlich ein tolles Angebot, das Horst nicht ausschlagen konnte. Also fuhr er mit seiner Frau per Bahn an die niederländische Grenze, um seinen ersten West-Wagen zu erwerben.

Es war Liebe auf den ersten Blick. Das Modell bestach durch ein kräftiges Rot, schwarze Stoßstangen aus Kunststoff und verchromte Leisten an den Fenstern. Innen war es mit anthrazitfarbenen Sitzbezügen und einem gewaltigen Schaltknüppel mit Kunstlederüberzug ausgestattet – eine ganz tolle Karre, wie der Berliner zu sagen pflegt. Mit den heutigen Autos ist das natürlich nicht zu vergleichen, zu schnell hat sich die Automobiltechnik verbessert. So hatte das Fahrzeug keine Servolenkung, keine Klimaanlage, keinen Rückfahrassistenten, kein ESP und kein Navi. Doch Horst und seine Frau fuhren stolz wie die Spanier mit ihrem neuen Auto zurück in die Heimat.

Zugegeben, die Euphorie ließ mit der Zeit stark nach, es war eben nur ein Japaner; da konnte man mit den deutschen Modellen von VW, BMW und Mercedes nicht mithalten. Aber Horst liebte seinen Mazda und machte jeden Morgen einen Rundumcheck, ob auch ja kein Kratzer im Lack war. Auch in technischer Hinsicht gab es überhaupt keine Probleme, keinerlei Mängel. So verging ein gutes Jahr und der Wagen rollte und rollte.

Nun fand um die Weihnachtszeit eine große Feier im Köpenicker Ratskeller statt. Es ging um den Abschluss eines umfangreichen Projektes, der mit den beteiligten Kollegen feuchtfröhlich begossen werden sollte. Horst war in der Zwischenzeit nach Brandenburg gezogen, und da die Fahrt mit öffentlichen Verkehrsmitteln sehr umständlich gewesen wäre, fuhr er mit dem Auto nach Köpenick. Er plante, es in der Nähe des Ratskellers abzustellen und nach der Fete nicht nach Hause zu fahren, sondern bei seinem Schwager im nahe gelegenen Allende-Viertel zu übernachten, circa zwei bis drei Straßenbahnstationen vom Schlossplatz entfernt. Damit bot sich ihm auch die Möglichkeit, mit den Kollegen einige gepflegte Biere vom Hahn zu trinken, vielleicht auch ein paar Schnäpse.

Die Feier war sehr ausgelassen, alle waren gut gelaunt und es wurde reichlich getrunken. Eine Lage jagte die nächste, und so langsam stieg Horst der Alkohol in den Kopf. Wie der weitere Abend verlief, bleibt ungeklärt. So sehr sich Horst auch bemühte, er konnte sich später an nichts mehr erinnern – totaler Filmriss, wie man so schön sagt.

Sein Bewusstsein erlangte er am frühen Morgen in der Wohnung seines Schwagers wieder. Sein Schädel brummte mächtig. Das Frühstück wollte bis auf den Kaffee nicht so recht schmecken, und erst nach ein, zwei Kopfschmerztabletten kam er so langsam wieder in die Gänge.

Die Zeiger der Küchenuhr waren mittlerweile auf 11 Uhr vorgerückt, da wollte Horst doch irgendwie nach Hause aufbrechen. Er verabschiedete sich und fuhr mit dem Fahrstuhl nach unten. Auf der Straße angekommen schaute er sich sicherheitshalber nach seinem roten Mazda um; es hätte ja sein können, dass er des Nachts doch noch gefahren war und das Auto auf einem der Parkplätze abgestellt hatte. Aber die Suche blieb ergebnislos, weit und breit war nichts von seinem Auto zu sehen.

Nun kam ihm in den Sinn, dass es wohl noch auf dem Parkplatz am Ratskeller stehen musste. Also marschierte er in Richtung Rathaus Köpenick und hielt dabei eifrig Ausschau nach seinem Liebling. Bedauerlicherweise konnte er sich nicht mehr daran erinnern, wo er den Wagen am Abend zuvor abgestellt hatte. Um das Rathaus herum ging er alle Parkmöglichkeiten ab, doch seinen Mazda konnte er nirgends entdecken.

Nun war guter Rat teuer. Was sollte er machen? Wie konnte er etwas über das Verschwinden des Autos in Erfahrung bringen? Vielleicht hatte man es ja abgeschleppt und umgesetzt, weil er falsch geparkt hatte. Oder handelte es sich wirklich um den *worst case* und es war gestohlen worden?

Horst entschied sich, zur Polizei zu gehen und den Verlust erst einmal zu melden. Nachdem er sich zur Polizeistation durchgefragt hatte, musste er sich in Geduld üben, bis er sein Anliegen vorbringen konnte. Ob man eventuell sein Auto abgeschleppt habe, wollte er dann wissen. Aber seine Hoffnung wurde enttäuscht. Nun konnte es nur noch gestohlen worden sein. Horst machte alle Angaben zu dem Mazda, von der PS-Zahl, dem Modell, der Motornummer, bis hin zur Fahrgestellnummer; die Papiere hatte er ja am Mann. Alles wurde mühselig in eine Schreibmaschine getippt und zu einem Verlustprotokoll formuliert. Zum Abschluss musste er seine Adresse und die Telefonnummer angeben, damit man ihn benachrichtigen konnte, falls der Wagen irgendwo wieder auftauchen sollte.

Mit hängenden Ohren fuhr er zum S-Bahnhof Adlershof, von dort aus mit der S-Bahn nach Königs Wusterhausen und dann mit dem Bus nach Hause. Dass das Auto weg war, musste er nun schonend seiner Frau beibringen. Und der Haussegen hing sofort schief! Während für die Gattin der Verantwortliche klar war, hielt Horst sich für unschuldig. Irgendjemand hatte ihm das schöne Auto gestohlen, und nur diejenigen waren schuld daran. Es hätte durchaus auch vor der eigenen Haustür passieren können.

Glücklicherweise stand der verdiente Weihnachtsurlaub an und er brauchte das Auto vorerst nicht. Der Verlust überschattete jedoch die Feiertage – man hatte Horst das Liebste gestohlen. Ob seine Versicherung für den Verlust aufkommen würde, blieb offen, denn natürlich war dort niemand erreichbar. Immerhin schwächte sich Horsts Mitschuld in den Augen seiner Frau ab und er wurde mehr zum Opfer, womit die Schieflage des Haussegens langsam wieder in Waage kam.

Nach der gemeinsamen Silvesterfeier mit der Verwandtschaft rückte aber der erste Arbeitstag näher. Inzwischen hatte Horst seinen Autoschlüssel an seinen Schwager übergeben, in der Hoffnung, dass er das Auto bei seinen Spaziergängen entdeckte. Von der Polizei kam ja keinerlei Information. Wahrscheinlich waren die Beamten über die Feiertage mit ganz anderen, wichtigeren Dingen beschäftigt gewesen.

Wie sollte Horst nun zur Arbeit kommen? Mit dem Bus zum Bahnhof, mit der S-Bahn bis Schöneweide und dann per Straßenbahn bis zur Firma, das war recht langwierig und stressig. Wenn es dann noch schneite, war nicht sicher, ob überhaupt etwas fahren würde, denn meistens froren bei der Bahn die Weichen ein. Also dachte er schon mal über den Kauf eines neuen Autos nach, konnte sich aber nicht so richtig entschließen: Neu- oder Gebrauchtwagen? Und welches Modell könnte er günstig bekommen?

Zwei Tage später klingelte es an der Haustür und sein Schwager stand vor der Tür. Er hielt ihm den Autoschlüssel unter die Nase, zeigte auf die Grundstückseinfahrt – und dort stand der rote Mazda.

Horst stürmte zu seinem Auto. Er hatte es endlich wieder, welch eine Freude! Da stand es völlig unbeschädigt, so wie er es in Erinnerung hatte. Da waren seine Frau und er überglücklich; das lang vermisste Familienmitglied war zurückgekehrt.

Jetzt wollte Horst alles ganz genau wissen: Wo und wie hatte der Schwager das Auto gefunden? Und sein Schwager berichtete, dass er bei einem Spaziergang in das gegenüberliegende Wäldchen plötzlich das Auto hatte stehen sehen. Leicht eingeschneit hatte es völlig einsam vor der Waldschänke gestanden. Zuerst war er um den Wagen herumgeschlichen, aber da er den Autoschlüssel bei sich gehabt hatte, konnte er den Mazda auch aufschließen. Daraufhin war der Wirt aus der Gaststätte gekommen, der natürlich neugierig war und sehen wollte, wer nach so langer Zeit das Auto abholte. Der Schwager hatte das Auto schließlich vom Schnee befreit, war ganz unbeirrt eingestiegen und hatte es nun vor der Haustür abgestellt.

Horst konnte es immer noch nicht so richtig glauben, dass sein geliebter Mazda unversehrt wieder aufgetaucht war. Aber die alles entscheidende Frage war: Wie war das Auto auf den abgelegenen Parkplatz gekommen? Es kam nur eine Erklärung infrage: Er musste es dort nach der Betriebsfeier irgendwie persönlich abgestellt haben.

Langsam kam die Gewissheit, dass er wohl sturzbetrunken mit dem Auto zum Allende-Viertel gefahren sein musste, keinen Parkplatz vor dem Haus des Schwagers gefunden hatte, in den Wald gefahren war und es dort abgestellt hatte. Leider konnte er sich an nichts mehr erinnern. Was da hätte alles passieren können … Er musste einen Schutzengel gehabt haben.

Als ihm nun der Ablauf so gut wie klar war, drängte sich Horst eine weitere Frage auf: Mit welcher Intensität hatte die Polizei eigentlich nach dem Auto gesucht, das nicht einmal 500 Meter Luftlinie vom Revier entfernt am Wald gestanden hatte? Da er ohnehin den Fund melden musste, rief er auf der Wache in Köpenick an. Der Beamte erwartete natürlich eine ausführliche Erläuterung: War das Auto aufgebrochen worden? Gab es Schäden? War etwas gestohlen worden? Wo, wann und unter welchen Umständen war es wieder aufgetaucht?

Nach der ziemlich wahrheitsgemäßen Beantwortung aller Fragen kam der Kommentar aus der Leitung: „Da hatten Sie aber einen totalen Blackout.“ Darauf konnte Horst nichts weiter erwidern und legte einfach auf.

3. Das große Los-Versprechen

Beim ersten Los
ist der Gewinn ganz groß,
danach zahlst du in einer Tour
für Nieten nur.

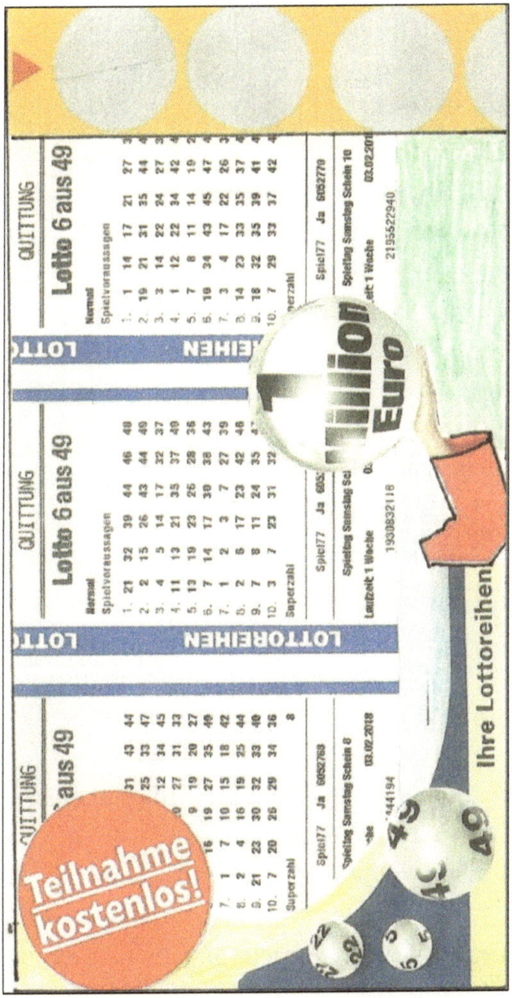

Im Fernsehen melden sich häufig Leute zu Wort, die im Glücksspiel gewonnen haben. Während der Werbung tauchen diese überglücklichen Menschen auf und berichten, wie sie ein Los in ihrem Briefkasten gefunden und freigerubbelt haben. Anschließend hätten sie eine angegebene Telefonnummer gewählt, woraufhin ihnen eine freundlich klingende Stimme den Gewinn einer stattlichen Summe mitgeteilt habe. Über zehn Jahre lang sollte sie monatlich ausgezahlt werden. Da kann man schon mal vor Freude vom Stuhl fallen, vor allem, wenn das eigene Einkommen knapp ausfällt.

Auch Herr Schmidt träumte von einem derartigen Geldsegen. Lotto spielen und gewinnen, ohne finanziellen Einsatz, das wäre ein Ding, dachte er sich. Nie wieder Geldsorgen! Sehnsuchtsvoll wartete er auf den Moment, auch einmal ein solches Los in den Händen zu halten.

Nach einem Dreivierteljahr, Schmidt hatte die Hoffnung schon aufgegeben, da erhielt er eines Morgens tatsächlich einen verheißungsvollen Brief – ein Geschenk, persönlich für Holger Schmidt, direkt an seine Adresse gesandt. Im Nu hatte er den Brief aufgerissen und überflogen. Für einen ganzen Monat war das beigelegte Los kostenlos, und auf der Rückseite des Schreibens war die Galerie der glücklichen Gewinner abgebildet, dieselben, die auch immer im Fernsehen zu sehen waren und ihr Sprüchlein aufsagten:

„Ich habe nichts weiter machen müssen, als anzurufen, und schon hatte ich gewonnen."

„So viel Geld, jeden Monat extra, das ist der blanke Wahnsinn!"

„Ein einfacher Anruf hat mein ganzes Leben verändert."

„Ich war hin und weg, total happy!"

Herr Schmidt rubbelte geschwind die vier Lottozahlen frei. Mit zittriger Hand nahm er das Telefon und wählte die Glück bringende Nummer. Nach kurzer Zeit piepte es in der Leitung und eine Frauenstimme verkündete, dass diese Nummer nicht vergeben sei. Schmidt staunte nicht schlecht. Beim zweiten Versuch bestätigte sich, dass er sich nur verwählt hatte. Diesmal landete er wirklich bei der Lottogesellschaft, allerdings in der Warteschleife.

Endlich ertönte eine blonde Stimme, die ihn sehr herzlich bei der Lotterie begrüßte und aufforderte, seine freigerubbelten Lottozahlen durchzusagen. Herr Schmidt rief die vier Zahlen mit entsprechender Lautstärke ins Telefon, sodass er am anderen Ende ja nicht missverstanden wurde.

„Einen Moment bitte“, säuselte die Stimme. Etwas später verkündete die Dame, dass er den monatlich ausgezahlten Hauptgewinn leider nicht gewonnen habe. Dennoch sei er ein Glückspilz. Eine etwas kleinere Summe würde ihm alsbald auf sein Konto überwiesen; dazu müsse er lediglich seine Kontodaten durchgeben.

Mächtig enttäuscht verschlug es Schmidt kurz die Sprache, aber trotzdem etwas gewonnen zu haben, stimmte ihn wieder etwas freudiger. Also holte er seine EC-Karte und gab seine IBAN und den BIC an die freundliche Stimme weiter, die sich danach sehr höflich bedankte, einen schönen Tag wünschte und versicherte, dass sein Gewinn bald auf seinem Konto sei.

Allmählich fand sich Herr Schmidt mit der Tatsache ab, den Jackpot nicht geknackt zu haben. Ungeduldig wartete er nun auf seinen Geldgewinn; er war gespannt, wie hoch der ausfallen würde. Da er als moderner Mensch Onlinebanking betrieb, konnte er jederzeit nachsehen, wie viel er denn gewonnen hatte. Einige Tage verflogen, täglich ging

Schmidt an seinen Computer, um seinen aktuellen Kontostand abzufragen, aber nichts passierte.

Doch dann, eines Morgens, er traute seinen Augen kaum, war der Betrag auf seinem Konto: Ganze 50 Cent hatte man ihm überwiesen. Welch ein Gewinn! Schmidt fühlte sich betrogen.

Wütend griff er zum Telefon und rief nochmals bei der Lotteriezentrale an, wieder gelangte er in die Warteschleife, doch dann hatte er eine männliche Stimme in der Leitung. Die Höhe des Gewinns wollte der Mann nicht kommentieren; Herr Schmidt habe ja noch viele Chancen, wesentlich mehr Geld zu gewinnen. Die Frage, ob nach einem Monat Kosten für das Los anfallen würden, bestätigte der Mitarbeiter; es stehe alles genauestens in dem erhaltenen Brief.

Schmidt wurde unruhig. Im Kleingedruckten hatte er etwas von 136 Euro monatlich gelesen. Zu viel Geld für eine mögliche Niete. Glücklicherweise konnte er die Teilnahme an der Lotterie zum Monatsende kündigen. Er entschied sich, mit dem Thema abzuschließen.

Doch wie heißt es so schön bei Goethe: „Die ich rief, die Geister, werd' ich nun nicht los."[1] Schon drei Wochen später hatte er den nächsten Brief in seinem Briefkasten, und jeden Monat folgte ein weiterer. Das stellte Herrn Schmidt vor eine harte Probe.

So kam es, dass er eines Nachts vollkommen schweißgebadet aufwachte. In seinem Traum hatte er den monatlich ausgezahlten Jackpot geknackt. Nach einem Anruf bei der Lottogesellschaft waren seine vier Zahlen genau die richtigen – er hatte gewonnen. Diese Neuigkeit musste er sofort

---

[1] Johann Wolfgang von Goethe: »Der Zauberlehrling« (1797).

seiner Frau erzählen. Was konnten sie sich mit dem vielen Geld nun alles leisten! Ein neues Auto, mehrmals Urlaub im Jahr, einen Rasenroboter, teure Klamotten, vor allem viele neue Schuhe für seine Frau … Plötzlich erschien eine märchenhafte Gestalt und sprach zu ihm: „Ja, hättest du weitergespielt und nicht regelmäßig die Post vernichtet, hätte dein Wunsch Wahrheit werden können. Aber nun zerplatzt der Traum wie eine Seifenblase.“

Herr Schmidt sah sich noch vielen Versuchungen ausgesetzt. Die Briefflut wollte einfach nicht enden, regelmäßig kamen weitere Lose. Er blieb eisern, aber bei jedem Brief, den er ungesehen zerriss und in seine blaue Papiertonne warf, dachte er an seinen Traum. Vielleicht sollte er es doch noch einmal versuchen …

4. Die nächtliche Verkehrskontrolle

Verkehrskontrollen in der Nacht
können böse enden.
Hast du Alkohol im Blut,
solltest du schnell wenden.

Es war ein schöner, warmer Sommertag Ende Juni, die Sonne lachte und die Mitglieder einer zweiten Fußballmannschaft trafen sich zum letzten Punktspiel der Saison. Es war ein Heimspiel, fand also auf dem eigenen Sportplatz statt. Man war guter Laune, wollte einen würdigen Abschluss erzielen und noch einmal Spaß haben. Ein Sieg oder ein Unentschieden hätte die Mannschaft in der Tabelle um keinen Platz vorangebracht; sie war Vorletzte und würde es auch bleiben. Der Höhepunkt der Veranstaltung wartete vielmehr nach dem Spiel, denn am Abend sollte eine kleine Abschlussfeier steigen, mit frisch gezapftem Bier, Wurst vom Grill und vielen kleinen Schnäpsen.

Angefeuert wurden die Spieler von ihren Fans und Sportfreunden der ersten Männermannschaft, die natürlich anschließend mitfeiern wollten. Ein starker Gegner sorgte dennoch dafür, dass das Spiel wenig ruhmreich endete – mit 1:5 wurden die Gastgeber vom Platz gefegt. Doch keiner war so richtig sauer, denn man hatte ja reichlich Erfahrung mit Niederlagen. In der nächsten Saison würde alles besser laufen; die Hoffnung stirbt zuletzt.

Nach dem Match wertete der Trainer im lockeren Gespräch die letzten Spielergebnisse aus, die allen noch gut im Gedächtnis waren, aber eigentlich schnell vergessen werden wollten. Es wurde über Abgänge und Neuzugänge gesprochen und – wie alle Jahre – die schlechte Trainingsbeteiligung moniert. Und wie immer fanden sich keine Lösungen für Verbesserungen.

Mit fortschreitender Zeit waren die Diskussionen nicht mehr ganz so ernsthaft, es wurde herumgealbert und viel Blödsinn zum Besten gegeben. Inzwischen hatte sich auch die erste Mannschaft dazugesellt. Der Alkohol zeigte bald seine Wirkung, es wurde immer häufiger mit den Schnäpsen auf den Tischen herumgeklopft und die aus leeren Flaschen gelegte Sonne nahm langsam Gestalt an. Vernünftige Gespräche waren kaum noch möglich, da die Musik immer lauter wurde, und als die Feier ihren Höhepunkt erreichte, hopsten die meisten auf der Tanzfläche herum.

Viele der Anwesenden waren mit Fahrrad gekommen, um getrost trinken zu können. Einige ließen sich auch von der Freundin oder von Bekannten mit dem Auto abholen, auch ein Taxi konnte per Handy problemlos bestellt werden. Der Möglichkeiten gab es viele, und bisher waren alle immer irgendwie vom Sportplatz, der etwas außerhalb lag, nach Hause gekommen.

Auch Jonny, einer der jüngeren Spieler, war mit dem Fahrrad da, genauer gesagt, mit dem seiner Mutter. Sein eigenes war wieder einmal nicht betriebsbereit: Die Reifen waren vorn und hinten platt und die Kette sprang häufig ab. Da er aber zwei linke Hände hatte, konnte er die Schäden nicht selbst reparieren und nahm sich immer eines der Räder, die funktionsfähig zu Hause in der Garage standen. Meist war es dann hinterher auch nicht mehr zu gebrauchen, irgendetwas ging bei ihm immer kaputt.

Zu später Stunde, als Jonny den Gesprächen nicht mehr so richtig folgen konnte, schnappte er sich das Fahrrad, wuchtete die vollgepackte Fußballtasche auf den Gepäckständer und schwang sich auf den Sattel, um den Heimweg anzutreten. Anfangs war die ganze Sache sehr wackelig, er musste sich zusammenreißen, um möglichst geradeaus zu fahren. Im Wald konnte man schnell an einem der Bäume landen oder zwischen den Büschen verschwinden, immer wieder gab es kleine Schlenker. An der ersten Hauptverkehrsstraße schließlich stieg er vorsichtshalber ab und schob das Rad über die menschenleere Straße. Danach fuhr er durch eine neue Siedlung, in der um diese Zeit kaum mit Autoverkehr zu rechnen war, bis er wieder den Fahrradweg erreichte, der über einen Kanal führte.

Relativ leicht erklomm Jonny die Brücke in Lance-Armstrong-Manier, indem er aus dem Sattel ging und im Stehen hochstrampelte. Oben angekommen ließ er sich erschöpft auf den Sattel fallen und rollte mit einer Hand am Lenker leicht schlingernd auf der anderen Seite wieder herunter. Dort wurde er schon erwartet.

Der Lichtkegel seines Fahrrads leuchtete den Weg nur unzureichend aus, somit sah er die Polizisten an der Kreuzung erst viel zu spät. Sie hatten sich an der Ampel postiert, um dort auf eventuelle Verkehrssünder zu lauern. Leider konnte Jonny nicht einfach abbiegen – der Radweg führte direkt auf die Kreuzung zu. Anzuhalten und den Rückzug anzutreten war ihm auch nicht möglich, da das Rad mit beachtlicher Geschwindigkeit bergab fuhr. Bei einer scharfen Bremsung hätte er sich vielleicht noch verletzt, womöglich den Arm oder das Schlüsselbein gebrochen. Was blieb ihm weiter übrig? Also rollte er den Gesetzeshütern direkt in die Arme.

Die beiden Beamten erwarteten ihn schon sehnsüchtig, versperrten ihm den Weg und baten ihn, abzusteigen. Sie stellten sich Jonny als Wachtmeister und Oberwachtmeister vor und verlangten seine Personalien.

„Na, wo kommen wir denn jetzt her?“, fragte der eine. „Und wohin soll’s gehen? Haben Sie Alkohol getrunken?“

Jonny schüttelte den Kopf und holte tief Luft. Er musste sich erst einmal beruhigen und seine Gedanken sortieren. Er wurde das Gefühl nicht los, dass in der Ansprache der beiden eine gewisse Zufriedenheit mitschwang. Endlich hatten sie ein Opfer gefunden; sie mussten schon längere Zeit an der Kreuzung herumgelungert haben.

„Ihre Schlangenlinienfahrt war ja schon von Weitem zu bestaunen“, sagte einer der beiden, während er Jonnys Ausweis studierte. „Wie viel haben wir denn intus?“

„Ich habe vor längerer Zeit auf dem Sportplatz ein, zwei Bier getrunken“, stammelte Jonny.

Der Polizist trat etwas näher an ihn heran, verzog sein Gesicht und sagte: „Das ist keine Fahne, sondern eine richtige Standarte; da wird man ja nur vom Einatmen besoffen! Da waren bestimmt mehrere Schnäpse dabei. Die haben Sie wohl vergessen? Wir werden das gleich mal überprüfen.“

Daraufhin holte der andere Polizist ein Messgerät aus dem Auto, in das Jonny kräftig hineinblasen sollte. Der war inzwischen völlig verängstigt; er hatte ja keine Erfahrung mit so etwas. Es dauerte einige Sekunden, bis das Ergebnis feststand – weit über 1 Promille!

Die beiden Polizisten kamen richtig in Fahrt; jetzt wollten sie Jonnys Fahrerlaubnis sehen, die er aber nicht vorzeigen konnte, denn er hatte noch keine. Die Freundlichkeit der Beamten nahm merklich ab. Ob er als Verkehrsteilnehmer denn nicht wisse, dass Radfahrer mit mehr als 0,5 Promille fahruntüchtig seien? Bei diesem Atemalkoholwert müsse er nun leider mit auf das Polizeipräsidium kommen, um dort eine Blutprobe abzugeben.

All seine Bemühungen, die Beamten dazu zu bringen, ein Auge zuzudrücken, da er ja praktisch so gut wie zu Hause war, hatten keinen Sinn – Jonny saß in der Klemme. Da er kein Schloss dabeihatte, wurde sein Rad mit einem stabilen Kabelbinder an einen Zaun befestigt, dann durfte er in den Funkwagen einsteigen. Er wurde direkt zum nahe gelegenen Polizeirevier gebracht, auf einen Stuhl gesetzt und zunächst allein gelassen, dann ging alles seinen vorgeschriebenen Gang.

Zuerst wurden seine persönlichen Daten in die Tastatur eines Computers gehämmert. Anschließend wurde ein Bericht verfasst. Man warf ihm vor, stark alkoholisiert am Verkehr teilgenommen zu haben, Schlangenlinien gefahren zu sein und beim Absteigen vom Rad arge Probleme gehabt zu haben. Jonny war mit dieser Darstellung der Dinge nicht einverstanden, nahm die Anschuldigungen aber kommentarlos hin.

Nach knapp dreißig Minuten kam endlich eine Ärztin, um Blut abzunehmen. Jonny durfte in der Zwischenzeit nur drei kleine Becher Wasser aus einem Spender trinken und einmal zur Toilette gehen. Er hätte zur Beruhigung so gern eine Zigarette durchgezogen, das wurde ihm aber nicht erlaubt. Stattdessen musste er endlose Belehrungen über sich ergehen lassen. Die Polizisten klärten ihn über seine Rechte und Pflichten auf und drohten mit einer Strafanzeige samt Gerichtsverhandlung, sollte sich sein Blutalkoholgehalt bestätigen.

Jonny ließ die Ohren hängen; er wollte einfach nur noch nach Hause in sein warmes Bett. Mit letzter Kraft versuchte er doch noch einmal, die Polizisten in irgendeiner Weise für sich zu gewinnen. Er bat um mildernde Umstände, indem er den armen Studenten mimte, und erzählte von der alten Tradition, den Saisonabschluss im Fußball würdig zu begehen. Die Polizisten zeigten sich jedoch unbeeindruckt.

Plötzlich tauchte die Ärztin wieder auf. Jonny musste nun ein paar Gleichgewichtstests durchführen: auf einem Bein stehen, die Arme strecken und mit geschlossenen Augen die Nasenspitze berühren sowie auf einer gedachten Linie balancieren. Die Blutprobe, teilte die Ärztin mit, sei zur Auswertung ins Labor geschickt worden, alles Weitere würde er per Post erfahren. Damit war er entlassen.

Jonny rauchte noch eine Zigarette vor dem Polizeipräsidium und dann fuhren ihn die Polizisten zu seinem Fahrrad zurück. Sie lösten die Kabelbinder, dann durfte er noch einmal in das Röhrchen pusten. Da sein Atem immer noch 1,1 Promille aufwies, musste er sein Rad nach Hause schieben. Glücklicherweise war der Weg recht kurz. Zu Hause angekommen schlich er sich in sein Bett. Einer weiteren Auseinandersetzung sah er sich jetzt nicht mehr gewachsen.

Seine Eltern waren natürlich nicht sehr begeistert, als er ihnen am nächsten Tag beim Mittagessen vom nächtlichen Vorfall berichtete. Zuerst glaubten sie an einen Spaß, aber als sie das Pflaster von der Blutentnahme sahen, wurde ihnen ganz anders.

„Wie dumm muss man sein, in eine Verkehrskontrolle zu geraten?“, schimpfte der Vater. Seine Mutter dagegen war froh, dass er heil nach Hause gekommen war.

Der Ärger verpuffte aber ziemlich schnell, und fast wäre die Sache in Vergessenheit geraten – wenn nicht nach ungefähr einem Monat Post von der Polizei gekommen wäre und alles wieder aufgewühlt hätte … In dem Schreiben wurde Jonny zu einer Anhörung gebeten, denn bevor das Urteil gesprochen werden sollte, musste er sich zum Tatbestand äußern.

Also erschien Jonny vor Gericht, um besagten Abend im Rahmen seiner Möglichkeiten zu rekonstruieren: Er versicherte, nur drei Bier und einen Klopfer getrunken zu haben; an mehr konnte er sich beim besten Willen nicht erinnern. Seine unsichere Fahrweise erklärte er damit, dass er nach dem Spiel relativ erschöpft gewesen sei. Außerdem sei die schwere Fußballtasche ständig verrutscht, weshalb er sie mit der rechten Hand ständig habe zurechtrücken müssen. Die Aussage der Polizisten, er hätte erhebliche Probleme beim Absteigen vom Fahrrad gehabt, ließ er lieber unkommentiert, er schüttelte nur den Kopf.

Nach der Anhörung verstrichen wieder einige Wochen, bis der Gerichtsbeschluss per Post einging. Wegen Trunkenheit im Verkehr nach § 316 des Strafgesetzbuches sollte Jonny zehn Stunden gemeinnützige Arbeit bei den Johannitern verrichten und an einem Verkehrserziehungskurs teilnehmen; eine weitere Anklage wurde fallengelassen. Er hatte Glück – da das Jugendstrafrecht angewandt worden war, fielen die Sanktionen ziemlich milde aus.

Als Jonny bei den Johannitern erschien, war er auf harte Arbeit vorbereitet. Doch am ersten Tag verbrachte er vier Stunden damit, einen Schrank einzuräumen und einkaufen zu gehen; die restliche Zeit saß er herum, rauchte oder unterhielt sich mit den Leuten. Die wollten natürlich wissen, warum er gemeinnützige Arbeit verrichten musste. Nach seiner ausführlichen Erzählung über die nächtliche Verkehrskontrolle waren sich alle einig, dass das Strafmaß viel zu hart ausgefallen war. Am nächsten Tag drückte ihm ein Verantwortlicher einen Zettel in die Hand, auf dem die zehn Stunden Arbeitseinsatz bereits eingetragen waren. Jonny musste Verschwiegenheit geloben und konnte wieder nach Hause gehen.

Nun musste er nur noch den Verkehrserziehungskurs hinter sich bringen. Der sollte an einem Montagabend stattfinden, was für Jonny purer Stress bedeutete. An diesem Tag musste er schon ganz früh in der Uni sein und mehrere Vorlesungen besuchen. Am Ende eines anstrengenden Tages noch zur Verkehrserziehung zu gehen, ließ seine Motivation auf ein Minimum sinken.

Jonny schleppte sich also völlig müde und abgekämpft zum Verkehrsunterricht. Dort saß er mit drei weiteren Jugendlichen – alle wesentlich jünger als er – an einem runden Tisch und versuchte, den Ausführungen des Dozenten zu folgen. Der war natürlich ein Polizist des Straßenverkehrsamtes, der diesen Kurs auf freiwilliger Basis gegründet hatte, um Jugendliche, die mit dem Gesetz in Konflikt geraten waren, aufzuklären und zu bekehren. In erster Linie ging es ihm um Prävention.

Der Kursleiter führte das Fehlverhalten vieler Jugendlicher auf Unwissenheit zurück. Er erläuterte den Unterschied zwischen Strafen und Maßregeln, wie man dagegen Einspruch einlegen konnte und wann man lieber darauf verzichten sollte. Jonny lernte, dass man als Fahrradfahrer nur mit ganz wenig Alkohol im Blut am Straßenverkehr teilnehmen durfte. Aber wie viele Bierflaschen gestattet waren, erfuhr er nicht. Die wichtigste Erkenntnis war wohl: Man darf sich einfach nicht erwischen lassen.

5. Der verpasste Flug

Willst du eine Reise machen,
denk nicht nur Anziehsachen.
Ohne Zeitplan, glaub es mir,
geht dein Flug – und du bleibst hier.

Als sie alle noch einen Job hatten und täglich zur Arbeit gingen, war der Jahresurlaub immer viel zu kurz, denn häufig mussten einige Urlaubstage irgendwelchen Ereignissen geopfert werden. Die unzertrennlichen Schwestern Monika und Helga standen aber alljährlich vor einem weiteren Problem: Sie wollten gemeinsam verreisen.

Kompliziert war zum einen, zur gleichen Zeit freizubekommen. Die Kinder waren zwar aus dem Haus und hatten sowieso keine Lust mehr, mit den Eltern wegzufahren; sie wandelten schon lange auf eigenen Urlaubspfaden. Doch auch die Ehemänner mussten einen passenden Termin finden.

Zum anderen mussten die verschiedenen Interessen berücksichtigt werden. Die vier unternahmen allgemein sehr viel zusammen, wobei die Frauen tonangebend waren. Da hatten Rudi und Manfred kaum eine Chance mitzureden, und mit der Zeit fügten sie sich bereitwillig. Dennoch waren Diskussionen unumgänglich. Zu stark wichen die Vorstellungen bisweilen voneinander ab. Deutschland, Europa oder ganz woanders hin? Hotel oder Ferienwohnung? Strand oder Berge? Halbpension oder *all-inclusive*? Auch die Höhe der Kosten war häufig einer der entscheidenden Streitpunkte. Und so war die Planung recht langwierig, bis endlich jeder das Reiseziel und den Preis abgesegnet hatte.

Heute bucht man alles einfach von zu Hause aus im Internet, aber zur damaligen Zeit, kurz nach der Wende, verbrachte man noch etliche Stunden in verschiedenen Reisebüros. Favorisiert wurden natürlich tolle Badeurlaube an exotischen Stränden. Noch konnten sich alle in Badebekleidung halbwegs sehen lassen, und die Sonne tat sowohl Körper als auch Seele gut. An der Ostsee, wo immer nur zwischen 15 und 17 °C Wassertemperatur herrschten und das Wetter sehr wechselhaft war, kostete es stets reichlich Überwindung, vollständig in den Wellen abzutauchen. Wer es sich leisten konnte, den zog es folglich in die Ferne.

In einem bunten Katalog entdeckten Monika und Helga nun einmal eine Reise nach Ägypten. Eindrucksvolle Bilder zeigten prunkvolle Hotelanlagen direkt am Roten Meer, herrliche Sandstrände, Palmen und Kamele. Die angegebenen Luft- und Wassertemperaturen wollten sie kaum glauben. Das Wasser war mit 28 °C so heiß wie zu Hause in der Badewanne, und die Temperaturen im Schatten betrugen angeblich über 30 °C.

Der vorgestellte Ort hieß Hurghada. Jedes der abgebildeten Luxusresorts hatte einen eigenen Strand sowie einen Bootssteg, von wo aus man zu den Korallenriffen oder zum Angeln hinausfahren konnte. Allen vieren war sofort klar: Das ist es, da müssen wir hin! Schnell wurde ein gemeinsamer Termin gefunden und die traumhafte Reise gebucht.

Alle waren zufrieden, nur der Abflug bereitete Sorgen. Er sollte zu einer völlig unchristlichen Zeit stattfinden, an einem Wochenende um 4:30 Uhr morgens. Akzeptabel war hingegen der Flughafen, denn die Reise sollte in Schönefeld starten, nur 15,3 Kilometer von zu Hause entfernt. Jemanden im Bekanntenkreis zu finden, der einen nach Berlin-Tegel chauffiert hätte, wäre weitaus schwieriger gewesen. Nun galt es nur noch drei Monate auf der Arbeit durchzuhalten.

Die Zeit verlief ziemlich schleppend. Als die Abreise endlich näher rückte, begann das große Kofferpacken. Hierfür mussten zuvor die Urlaubsbilder vom Vorjahr gecheckt werden, damit nicht wieder dieselben T-Shirts, Hosen und Jacken eingepackt wurden. Es war doch recht peinlich, wenn man Urlaubsbilder zeigte – die sowieso keiner sehen wollte –, auf denen man immer die gleichen Klamotten trug, egal ob am Strand, in den Bergen oder auf einer Kreuzfahrt.

Langsam packte alle das Reisefieber, und die Gedanken kreisten nur noch um den bevorstehenden Urlaub. Viele Fragen waren abzuklären: Hatten sie das Richtige eingepackt? Waren alle Reiseunterlagen da? Wer brachte sie eigentlich zum Flughafen? Und am wichtigsten: Wann mussten sie in Schönefeld sein, um auf jeden Fall im Flieger nebeneinander sitzen zu können?

Der Tag des Abfluges rückte immer näher, die Aufregung stieg rasant an. Nach langem Hin und Her hatte sich einer der Söhne bereit erklärt, alle vier zum Flughafen zu fahren. Nun musste Manfred nur noch seine Urlaubsvertretung einweisen. Denn wie jedes Jahr plante er, kurz vor der Abreise noch einmal in den Betrieb zu fahren, um letzte Dinge zu besprechen.

Während Manfred am Sonnabend arbeiten ging, waren Helga, Monika und Rudi mit Planungen beschäftigt. Sollten sie wach bleiben oder zwei, drei Stunden schlafen und sich dann kurz vor 3 Uhr abholen lassen? Würde es ausreichen, ungefähr anderthalb Stunden vor dem Abflug am Flughafen zu sein?

Der Versuch, am Nachmittag etwas vorzuschlafen, wollte überhaupt nicht gelingen. Und auch am Abend lagen alle mehr oder weniger wach in ihren Betten. Es hatte einfach keinen Zweck, sie waren viel zu aufgeregt. Bei Rudi schlichen sich außerdem Zweifel ein. Wann genau sollte das Flugzeug starten? Er holte seine Reiseunterlagen aus dem Koffer, um sich nochmals zu vergewissern. 4:30 Uhr – das war korrekt. Aber als sein Blick auf das Datum fiel, erstarrte er. War heute nicht schon der 25. Juli?

Rudi griff panisch zum Telefon und rief am Flughafen Schönefeld an. Hier musste ein Irrtum vorliegen! Doch er erfuhr, dass der Flieger nach Hurghada bereits am Sonnabend abgehoben war. Erst am Montag werde wieder eine Maschine Richtung Ägypten fliegen, hieß es, und zwar ab Leipzig.

Vor Entsetzen verschlug es Rudi die Sprache. Sie hatten tatsächlich ihren Flug verpasst; das konnte doch nicht wahr sein! Warum bloß waren alle davon ausgegangen, dass die Reise am Sonntag losgehen sollte?

Während Rudi sich erst einmal sammeln musste, rief seine Frau Monika sofort ihre Schwester an, um die Katastrophe weiterzuleiten. Die Flugtickets waren ja nun wertlos und mussten neu gebucht werden. Es gab so viel zu klären:

Frage 1: Waren die Mehrkosten vertretbar?

Frage 2: Wie sollten sie am Montag nach Leipzig kommen?

Frage 3: Lohnte es sich überhaupt noch, den Urlaub anzutreten?

Frage 4: Waren die gebuchten Hotelzimmer dann noch frei?

Bis Montag würden zwei Urlaubstage verstrichen sein. Aber sollten sie ihr Geld völlig umsonst ausgegeben haben? Sie konnten sich weder auf Fremdverschulden berufen, noch hatten sie eine Reiserücktrittsversicherung abgeschlossen.

Mittlerweile war der Sohn eingetroffen; auch Helga und Manfred fanden sich ein. Dann tagte der Krisenstab bei Monika und Rudi im Wohnzimmer.

Nach langer Diskussion beschlossen die vier, ihre Reise dennoch anzutreten. Voraussetzung war allerdings, dass sie jemanden fanden, der sie nach Leipzig fahren würde, und dass ihre Zimmer noch frei waren. Zur Beruhigung wurde ein Schnaps getrunken, die Männer genehmigten sich ein Bier, dann übermannte sie die Müdigkeit. Sie entschieden, lieber noch ein paar Stunden ins Bett zu gehen.

Am späteren Sonntagmorgen, nach dem Frühstück, suchte Rudi die Telefonnummer des Hotels aus den Reiseunterlagen heraus. Nach mehreren Versuchen meldete sich am anderen Ende eine Frauenstimme, die aber kaum zu verstehen war. Es rauschte mächtig in der Leitung. Zuerst versuchte er es auf Englisch, denn außer der Begrüßung „Salam aleikum!“ konnte er kein Wort Arabisch. Nachdem er sich mit Namen gemeldet und seine Frage mühsam formuliert hatte, hieß es: „Hold the line, please.“

Schließlich hatte er einen deutsch sprechenden Mann am Hörer. Der hatte sich schon gewundert, warum sie nicht angereist waren, und er konnte es nicht glauben, dass sie den Termin verschwitzt hatten. Natürlich waren ihre zwei Zimmer noch frei, sodass sie am Montag von Leipzig aus fliegen konnten, falls die Sterne günstig standen.

Da Helgas und Manfreds Tochter Spätschicht hatte und sich sofort bereit erklärte, die Paare früh nach Sachsen zu bringen, um den Urlaub zu retten, war auch die Hinfahrt schnell organisiert. Damit waren die ersten Hürden genommen; nun brauchten sie nur noch Flugtickets nach Hurghada zu besorgen. Sie hatten großes Glück – im Flieger gab es noch vier Plätze, allerdings nicht nebeneinander, sodass jeder woanders sitzen musste. Billig waren die Tickets auch nicht gerade, aber die vier hatten keine andere Wahl und mussten froh sein, überhaupt noch mitfliegen zu können.

Am Montagmorgen ging es dann endlich in den lang ersehnten Urlaub, mit dem Auto bis Leipzig und dann mit dem Flieger nach Hurghada, wo sie schon am Flughafen erwartet wurden. Schon bei der Begrüßung fragte Mohammed, so hieß der Fahrer des Kleinbusses, wie sie es fertiggebracht hätten, ihren Flieger in Berlin zu verpassen.

„Ja, ja, man kann schon mal verschlafen, wenn man mitten in der Nacht aufstehen muss“, sagte er. Helga, Manfred, Monika und Rudi nickten zustimmend, denn ihre Geschichte hätte sowieso keiner verstanden. Nicht mal sie selbst konnten sich die Sache richtig erklären.

Mit dem Kleinbus brachte Mohammed sie sicher zum Hotel, wo das Personal sie mit einem breiten, wissenden Lächeln erwartete. Solch eine Pleite musste wohl nicht allzu oft vorkommen, wenn so viel darüber geredet wurde, dachten die vier bei sich. Wer den Schaden hat, braucht für den Spott nicht zu sorgen.

Während ihre Koffer in die Bungalows gebracht wurden, bot man ihnen zum verspäteten Urlaubsantritt einen kostenlosen Drink an der Hotelbar an, den sie alle dankend annahmen. Nun konnte der Urlaub beginnen, die Strapazen der vergangenen Stunden waren vergessen.

Sie verlebten vier unvergessliche Tage, die leider viel zu schnell vorübergingen, dann mussten auch schon wieder die Koffer gepackt werden. Auf dem Rückflug waren sich alle einig, dass die Entscheidung richtig gewesen war. Noch lange dachten sie an die Bootsfahrt zu den bunten Korallenriffen, an die herrlichen Sandstränden, das klare, warme Wasser, die orientalische Nacht und das gemeinsame Rauchen einer Wasserpfeife mit Apfelgeschmack im Beduinenzelt. Eine Auszeit lohnt sich eben immer, auch wenn sie noch so kurz ist.

6. Die einsame Cola

Wer an fremden Gläsern nippt,
schnell mal aus den Latschen kippt.

Als Saisonabschluss machten wir mit unserer Fußballmannschaft meist eine gemeinsame Fahrt, verbunden mit einem Freundschaftsspiel. Aktiver Kurzurlaub also, da nahmen wir natürlich unsere Frauen mit. Der Ausflug sollte auch ein Dankeschön an sie sein, denn während wir das ganze Jahr über auf den Fußballplätzen herumtobten und unser Hobby auslebten, betreuten unsere Frauen zu Hause die Kinder.

In diesem Jahr fuhren wir von Berlin nach Rostock. Einer unserer Sportfreunde hatte dort ein Fußballspiel gegen eine Mannschaft von Empor Rostock vereinbart; sie sollte annähernd unser Niveau haben. Um die Quartiere kümmerten sich die Gastgeber; sie organisierten eine Gemeinschaftsunterkunft mit Doppelstockbetten in einem Bootshaus an der Warnow. Zur Finanzierung des privaten Vergnügens wurde über Monate Geld angespart, damals noch Mark der Deutschen Notenbank. Die Sammlung lief über die gesamte Saison, sodass 1.000 Mark zusammenkamen, was sehr viel Geld war. Die Verantwortung trug unser Kassenwart, der die Kohle zusammenhalten und sich um alle Rechnungen kümmern musste.

Von Lichtenberg aus ging es mit einem sogenannten Bummelzug innerhalb von gut vier Stunden zum Rostocker Hauptbahnhof. Damals hielten die Züge an jeder noch so kleinen Station und verweilten manchmal auch etwas länger; es fehlten eigentlich nur die Schilder „Blumen pflücken während der Fahrt verboten“. Die Stimmung war dennoch ausgelassen. Endlich kam man mal raus aus der tristen, bedrückenden Arbeitswelt. Das bevorstehende Freundschaftsspiel war für die meisten sowieso nur zweitrangig, viel wichtiger waren die gemeinsamen Ausflüge, das gesellige Beisammensein nach dem Spiel und das

Kennenlernen anderer Sportfreunde, und die Ostsee war immer eine Reise wert.

Für die lange Anreise hatte sich die Gruppe natürlich mit Getränken eingedeckt, sodass schon im Zug eine feucht-fröhliche Stimmung aufkam. Auf die Mitropa war kein Verlass; entweder hatten die Züge gar keinen Speisewagen oder er war geschlossen, da war es durchaus besser, sich selbst zu versorgen. Und so verwundert es kaum, dass bei der Zugeinfahrt in Rostock alle Männer aus den Abteilfenstern hingen und lautstark sangen: „Hansa, Hansa, Hansa Rostock, diese Mannschaft kotzt uns an!“ Das erregte natürlich Aufsehen. Um nicht die Bahnpolizei auf den Plan zu rufen – das konnte schon mal schlecht ausgehen, denn die Staatsmacht war nicht zimperlich –, riss man sich aber schnell wieder zusammen.

Die gesamte Truppe war jedenfalls schon gut in Tritt, als wir auf dem Sportplatz ankamen, einem roten Hartplatz übrigens, da Rasenplätze meist nur von höherklassigen Vereinen bespielt wurden. Wir wurden sehr freudig empfangen und verschwanden anschließend in der Kabine, um uns für das Spiel umzuziehen. Das Aufwärmen nahmen wir nicht so ernst, schließlich wollten wir ja noch Luft fürs Fußballspiel haben. Dann wurde das Freundschaftsspiel unter dem Beifall unserer Frauen angepfiffen.

Die Begegnung verlief nicht gerade erfolgreich für uns Berliner – die Empor-Spieler waren deutlich überlegen und führten bald mit drei Toren. Kurz vor Ende der ersten Halbzeit gelang uns dann der Anschlusstreffer zum 3:1, doch in der zweiten Halbzeit schossen die Rostocker bereits nach fünf Minuten ihr viertes Tor. Wir versuchten unsere ganze Klasse und Kondition auszuspielen, was uns mal wieder nicht so richtig gelingen wollte. Irgendwie klappte es bei den Punktspielen etwas besser, da war die Tordifferenz meist wesentlich geringer, aber an klaren Siegen mussten wir noch arbeiten. Nach einem völlig unnötigen Foul bekamen die Gastgeber noch einen Strafstoß, den sie eiskalt zum 5:1 verwandelten.

Der Stimmung tat das keinen Abbruch. Nach dem Spiel, beim gemütlichen Umtrunk mit der gegnerischen Mannschaft, war niemand enttäuscht oder nachtragend, wir steckten die Niederlage locker weg. Schon nach dem ersten Bier war das Ergebnis vergessen, auch Fehlentscheidungen des Schiedsrichters spielten keine Rolle mehr.

Nun war für den späteren Nachmittag ein Ausflug nach Warnemünde geplant, also mussten wir uns bald von den Rostockern verabschieden, und nach einem gemeinsamen Mannschaftsfoto brachen wir in Richtung S-Bahn auf.

In Warnemünde angekommen verstauten wir Spieler unsere Sporttaschen in den Schließfächern direkt am Bahnhof, dann ging es den Alten Strom hinauf und hinunter. An der Promenade gab es neben vielen Gaststätten und kleinen Cafés zahlreiche Geschäfte, die Souvenirs, Postkarten, Filme, Badeartikel sowie maritime Mode anboten. Entlang der Kaimauer lagen Dampfer für Hafenrundfahrten und einige Fischkutter, auf denen frischer Fisch, Räucherfisch und jede Menge Fischbrötchen mit Matjes- und Bismarckhering verkauft wurden. Zwischen beiden Urlauberpfaden waren Grünanlagen mit tollen Blumenrabatten angelegt, Bänke luden zum Ausruhen ein.

Nachdem sich die gesamte Truppe so langsam an den Geschäften vorbei bis zur Mole gedrängelt hatte, gab er nur noch ein Ziel: den Strand. Wenn man schon mal am Meer war, musste man die Sache auch ausnutzen und kurz in die Wellen tauchen; es war schließlich die Ostsee, das ‚Meer des Friedens‘. Aber damals wie heute waren die Wassertemperaturen doch recht abschreckend, besonders die Frauen blieben lieber am Strand liegen. Also tobten nur die ganz Mutigen mit großem Gebrüll in die Fluten.

Für den Abend hatten wir Plätze im sogenannten Teepott bestellt, dem neuen Wahrzeichen von Warnemünde, das ein sehr eigenwilliges Schalendach hatte. Im Restaurant war eine lange Tafel für uns eingedeckt worden und es wurde ein reichhaltiges Büfett aufgetafelt. Die Getränke wurden Runde für Runde bestellt: Vita Cola mit oder ohne Weinbrand, Bier, Schnaps und für die Frauen Wein oder Sekt. Bald waren alle in ausgelassener Stimmung.

Unser Kassenwart musste sich natürlich zurückhalten, um den Überblick nicht zu verlieren, wenn es später ans Bezahlen ging. Auch der Trainer versuchte nüchtern zu bleiben und verfolgte aufmerksam das Geschehen. Alle anderen hingegen tranken eifrig mit, da an diesem Abend gefühlt alles kostenlos war, wenn auch jeder – wie schon erwähnt – vorher seinen Obolus eingezahlt hatte.

Auf dem Tisch stand schon längere Zeit ein einsames Glas Cola.

„Wem gehört die?“, fragte einer der Spieler irgendwann. „Darf ich die haben? Ich muss mal mit einer Runde Schnaps und Bier aussetzen.“

„Keine Ahnung“, kam die Antwort, „trink einfach aus.“

Daraufhin nahm er einen kräftigen Schluck, setzte das Glas wieder ab – und wurde blass. Er verdrehte die Augen, sprang wie von einer Tarantel gestochen auf und bewegte sich leicht schwankend Richtung Toiletten. Es verging eine längere Zeit, bis er wieder am Tisch auftauchte. Er sah ziemlich übel aus. Mit grünlichem Gesicht und völlig schlapp sank er auf seinen Stuhl. Ihm ging es wirklich sehr schlecht, das konnten alle deutlich sehen.

Was war geschehen? Hatte er schon so viel getrunken, dass sein Körper rebellierte? Das letzte Glas war doch nur eine Cola gewesen. Keiner konnte es so richtig verstehen. Einzig der Kassenwart und der Spielertrainer hätten Klarheit schaffen können, denn das Colaglas war im Laufe des Abends auf wundersame Weise immer voller geworden.

Erst nach einigen Monaten wurde der Vorfall aufgeklärt: Jemand hatte seine Schnäpse unauffällig in das angetrunkene Glas geschüttet, um einen kühlen Kopf zu bewahren. So war aus einem harmlosen Softdrink ein hochprozentiger Cocktail geworden.

7. Reh auf der Autobahn

Fährt ein Auto in ein Reh,
so tut es auch dem Auto weh –
das Reh wird gekeult
und das Auto zerbeult.

Herr Mayer war mit seiner Frau in den Achtzigern mit dem Auto unterwegs, zu einer goldenen Hochzeit. Ein halbes Jahrhundert waren seine Großeltern bereits verheiratet, und beide waren noch sehr rüstig. Er freute sich schon riesig auf die Feier, vor allem darauf, nach langer Zeit die Verwandten und viele Bekannte wiederzusehen.

Auf der Autobahn in Richtung Rostock, kurz hinter Wittstock, wurde es langsam dunkel, es fing an leicht zu nieseln und die Sicht wurde immer schlechter. Also musste Herr Mayer Scheinwerfer und Scheibenwischer seines Saporoshezes einschalten. Leider waren Letztere nicht mehr ganz neu und schmierten gewaltig, sodass die Sicht kaum besser wurde. Und dann passierte es: Urplötzlich tauchte aus dem Halbdunkel ein Reh vor ihnen auf. Herr Mayer hatte keine Chance mehr zu bremsen, also latschte er reflexartig das Gaspedal voll durch. Damit nahm er das Reh wie ein Stier auf die Kofferhaube; der Motor befand sich – wie beim VW-Käfer – glücklicherweise hinten. Das Reh glitt nach dem Aufprall nach links auf die zweite Spur und wurde von einem nachfolgenden Lkw erfasst und zu Ragout verarbeitet.

Herr Mayer und auch der Lkw fuhren mit leicht verringerter Geschwindigkeit weiter, keiner wollte den Verkehr ausbremsen und einen weiteren Auffahrunfall verursachen, die Autobahn war nämlich recht voll an diesem späten Nachmittag. Nachdem Mayer aber den ersten Schock verarbeitet hatte, wollte er natürlich wissen, wie sein Auto vorn aussah, außerdem hörte er ein wiederkehrendes Schleifgeräusch; da musste irgendetwas stark verbogen sein. Als sich der Verkehr etwas beruhigt hatte, steuerte er sein Auto mit eingeschalteter Warnblinkanlage langsam rechts auf den Randstreifen und ließ es austrudeln.

Vorsichtig stiegen er und seine Frau aus, um den Schaden zu begutachten. Beide Scheinwerfer leuchteten noch, nur auf der linken Seite war das Glas zersplittert, und der rechte Kotflügel sowie die gesamte Vorderfront des Wagens waren sehr stark eingedrückt, auch die Kofferklappe hatte eine leichte Delle, ließ sich aber noch öffnen und schließen. Das Schleifgeräusch kam vom eingedrückten Radkasten, an den der Reifen des rechten Vorderrads anschlug. Mit Gewalt versuchte Mayer, das verbogene Blech wieder herauszuziehen, damit das Rad sich wieder frei bewegen konnte. Seine Kraft reichte aber bei Weitem nicht aus, um den eingedrückten Kotflügel und somit den Radkasten in seine ursprüngliche Lage zu bringen. Erst als er den Wagenheber zu Hilfe nahm, ließ sich der Radkasten wieder auseinanderdrücken.

Nun konnten sie die Fahrt fortsetzen, das Auto rollte wieder einigermaßen, nur die Deformationen im Frontbereich erinnerten an den Aufprall. Es handelte sich überwiegend um reinen Blechschaden, also Arbeit für den Karosserieklempner. Die Freude auf die goldene Hochzeit war dennoch stark gedämpft. Männer können ja richtig krank werden, wenn ihr liebstes Spielzeug kaputt ist.

Die ganze Feier über rauschten Mayer Fragen durch den Kopf: Würde die Versicherung zahlen? Wo gab es eine geeignete Werkstatt? Würde er einen zeitnahen Termin bekommen? Gab es überhaupt Ersatzteile für das Auto? Das schöne Fest konnte er kaum genießen; es drängte ihn wieder nach Hause.

Dort wurden seine schlimmsten Befürchtungen wahr. Da nicht klar war, woher die Ersatzteile kommen sollten, gab es natürlich auch keine Werkstatttermine. Das Einzige, was repariert werden konnten, war das Scheinwerferglas auf der linken Seite. Ein halbes Jahr später war immer noch nichts passiert, und Herr Mayer fuhr nach wie vor mit dem Unfallschaden durch die Stadt. Inzwischen hatte das deformierte Blech langsam zu rosten angefangen.

Eines Nachmittags, nach einem recht harten Arbeitstag, fuhr Mayer nach Hause, in Gedanken noch im Betrieb. An einer Kreuzung musste er von der Hauptstraße links in sein Wohnviertel abbiegen, von vorn kam ihm ein Trabant entgegen, der eigentlich geradeaus an ihm vorbeifahren wollte. Im Trabi saß eine Frau, die direkt auf ihn zusteuerte. Er hatte zwar abgebremst, war mit leicht eingeschlagenen Vorderrädern jedoch schon etwas über die Mitte der Kreuzung gerollt. Eigentlich kann sie mir bequem ausweichen, dachte Mayer, die Kreuzung war schließlich breit genug. Aber die Frau fuhr stur geradeaus weiter. Mayer sah noch, dass sie sehr ängstlich schaute und die Hände vom Lenkrad hochriss.

Es kam zwangsläufig zur Kollision; beide trafen sich frontal mit dem linken Scheinwerfer. Sie stiegen aus ihren Autos und betrachteten den Schaden. Am Trabi fehlten der Ring und das Scheinwerferglas, am Sapo war das Scheinwerferglas wieder völlig zersplittert und der Lampenring leicht verbeult. Die Frau fing gleich an zu jammern und beschuldigte Herrn Mayer, ihr die Vorfahrt genommen und damit den Unfall verursacht zu haben. Sie wollte in zwei Tagen mit dem Trabi in den Urlaub fahren und war nun völlig kopflos. Wer sollte das Auto so schnell reparieren, und wer kam für den Schaden auf?

Einige Leute, die im Bereich der Kreuzung standen, riefen lauthals, dass Herr Mayer eindeutig schuld sei und der Frau die Vorfahrt genommen habe. Die Frau war außer sich und wollte unbedingt die Polizei informieren. Mayers

Versuche, sie zu beruhigen, schlugen alle fehl. Die beiden Autos standen nun mitten auf der Kreuzung und legten fast den gesamten Verkehr lahm. Aus einem Geschäft an der Kreuzungsecke rief die Frau schließlich die Polizei, denn Handys gab es damals noch nicht und kaum einer besaß einen Festnetzanschluss.

Nach etwa fünfzehn Minuten kam ein Funkwagen. Die Polizisten inspizierten den Unfallort und kamen ebenfalls zu dem Schluss, dass Herr Mayer verantwortlich für den Zusammenstoß war. Als sie sich jedoch beide Autos näher betrachteten, kamen sie ins Grübeln. Wie konnte es sein, dass beim Trabi nur der Lampenring und das Glas kaputt waren, am Sapo dagegen die gesamte Vorderfront eingedrückt war?

„Das war ein Reh", erklärte Mayer.

„Ein Reh?", fragten die Polizisten ungläubig.

„Ein Reh auf der Autobahn", sagte Mayer.

Nun waren die Beamten neugierig geworden.

„Ach, das ist eine alte Geschichte, ungefähr ein halbes Jahr her", seufzte Mayer und winkte ab.

„Und wieso fahren Sie noch immer mit dem Schaden durch die Gegend?", fragten ihn die Polizisten vorwurfsvoll.

Das fragte sich Herr Mayer schon lange. Bisher hatte ihm niemand Hoffnungen gemacht, die benötigten Ersatzteile besorgen zu können. Wie hatte einst Wilhelm Röpke festgestellt: „Der Kampf gegen den Mangel ist die ewige Grundlage menschlicher Wirtschaft; er charakterisiert alle Zeiten, alle Zonen und alle Gesellschaftssysteme."[2]

---

[2] Wilhelm Röpke: »Die Lehre von der Wirtschaft« (1937).

8. Silvesterbruch

Meist im Schutz der Dunkelheit,
wenn keiner ist zu Haus,
dann dauert's keine Ewigkeit,
sie räum'n dir die Bude aus.

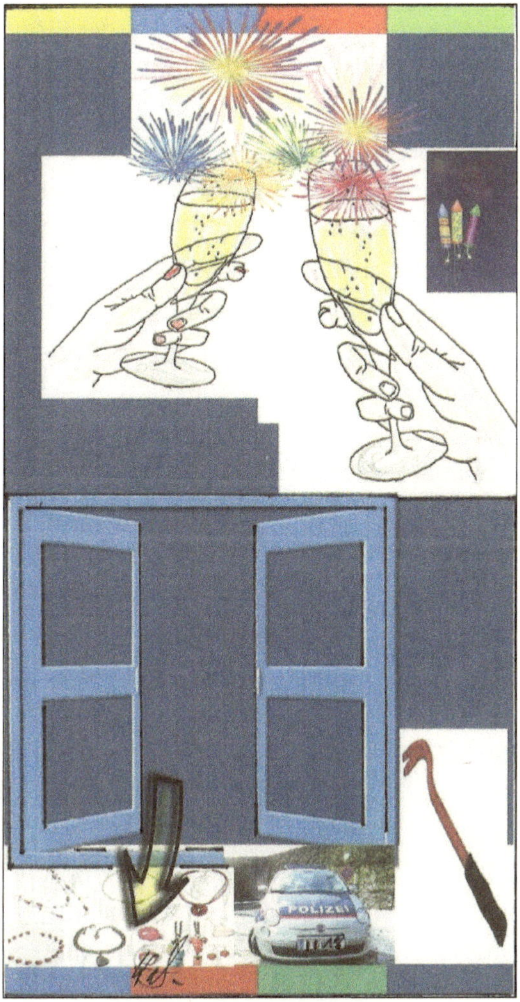

Von November bis Februar, wenn es wesentlich früher dunkel wird, dann ist Hochsaison für Einbrecher. Glaubt man der Statistik, so soll schon bei jedem achten Deutschen eingebrochen worden sein. Zum Opfer wurde auch Familie Sommer, der man exakt zum Jahreswechsel das Haus ausräumte.

Das Ehepaar Sommer war mit Freunden zur alljährlichen Silvesterfeier in einem Gasthof verabredet. Bevor es an diesem Abend losging, gab es noch eine kurze Auseinandersetzung zwischen Frau und Herrn Sommer; es ging um das Herunterlassen der Jalousien im Erker, dessen drei Fenster herrlich von Schwibbögen ausgeleuchtet wurden. Normalerweise fuhren die Rollläden automatisch um 19 Uhr herunter, so wie es Herr Sommer für diese Jahreszeit programmiert hatte. An diesem Abend sollten sie der Gattin zuliebe aber oben bleiben, damit die schöne Weihnachtsdekoration ein letztes Mal in ihrer vollen Pracht erstrahlen und die Nachbarn beeindrucken konnte, denn im neuen Jahr würde sie – wie es Tradition war – abgeschaltet werden. Die Garage und das Haus wurden allerdings ordnungsgemäß abgeschlossen, dann ging es ab zur Feier.

Es sollte ein toller Abend werden. Sommers kannten die Wirtsleute, auch viele der anderen Gäste begrüßten sie herzlich, es war wie ein großes Familientreffen. Wie immer schmeckte das Essen sehr lecker, es gab ein abwechslungsreiches Unterhaltungsprogramm und flotte Musik, zu der kräftig das Tanzbein geschwungen wurde. Die Zeit verging wie im Flug.

Kurz bevor das neue Jahr eingeläutet wurde, durchfuhr Herr Sommer direkt auf der Tanzfläche ein stechender Schmerz im linken Knie und er konnte sich kaum noch bewegen. Gestützt von seiner Frau verließ er humpelnd die

Tanzfläche und ließ sich an seinem Tisch auf den Stuhl fallen. Mit dem Tanz ins neue Jahr war es nun vorbei; sitzend war es aber halbwegs auszuhalten, solange er sich nicht großartig bewegen musste.

Beim Anstoßen um Mitternacht hatte er große Mühe, sich von seinem Platz zu erheben und freihändig zu stehen, er konnte einfach mit dem linken Fuß nicht mehr auftreten, so schmerzte sein Knie. Alle am Tisch bedauerten ihn sehr, was ihm überhaupt nicht gefiel; er wollte keine Aufmerksamkeit und nur in Ruhe gelassen werden, sitzen bleiben, seinen Sekt trinken, bis alle nach Hause wollten. Als es dann um kurz nach 2 Uhr so weit war, humpelte Herr Sommer mühsam zum Auto; er wollte so schnell wie möglich in sein Bett und ausschlafen, vielleicht waren ja am nächsten Morgen die Knieschmerzen schon vergessen …

Zu Hause angekommen verabschiedeten sich die Sommers von ihren Nachbarn und gingen zum Haus. Die Außentür ließ sich ganz normal öffnen, die Tür zu ihrer Wohnung aber war nicht aufzukriegen. Das konnte sich Herr Sommer überhaupt nicht erklären. Er rüttelte mehrmals mit Gewalt an der Klinke, aber die Tür wollte einfach nicht aufgehen. Als er durch das Schlüsselloch schaute, sah er, dass von innen ein Schlüssel steckte – die Tür war abgeschlossen. Wie war denn so etwas möglich? Hatte sich der Schlüssel von selbst herumgedreht, möglicherweise beim Heranziehen der Tür? Sommer fand einfach keine Erklärung; langsam wurde er ungeduldig und fing laut an zu fluchen, denn er wollte ja schon längst in seinem Bett liegen. Was für ein Jahreswechsel!

In der Zwischenzeit war seine Frau zu den Nachbarn gegangen, um Hilfe zu holen und sich kurz aufzuwärmen. Als sie dann mit ihnen zurückkam, stand Herr Sommer immer noch schimpfend und ratlos vor der Wohnungstür.

„Seid ihr denn einmal ums Haus gelaufen?“, fragten die Nachbarn. „Vielleicht sieht man ja irgendetwas.“

Daran hatten sie noch gar nicht gedacht. Also ging Frau Sommer mit der Nachbarin auf einen Rundgang – und war schnell wieder zurück. Aufgeregt berichteten die beiden, dass das hintere Erkerfenster offen sei und die Männer doch lieber mitkommen sollten, vielleicht sei ja jemand im Haus. Als dann alle vor dem aufgehebelten Fenster standen, war ihnen klar, dass es sich um einen Einbruch handeln musste.

Was tun?, war nun die große Frage, keiner hatte je derartige Erfahrungen gemacht. Herr Sommer wollte unbedingt ins Haus und nachsehen, was da los war. Allerdings konnte er mit seinem kaputt getanzten Knie nicht selbst in die Wohnung steigen. Also wurde seine Gattin durch das Fenster geschoben, die dann von innen die Wohnungstür aufschloss und vom Chaos in der Wohnung berichtete: Ein Schwibbogen lag zerbrochen am Boden, die Schranktüren waren aufgerissen und alle Schränke durchwühlt, auch in der Küche standen einige Schubladen weit offen.

Nun schlug der Nachbar vor, lieber sofort bei der Polizei anzurufen und die Wohnung vorerst nicht mehr zu betreten. Folgsam griff Herr Sommer zu seinem Handy, wählte die 110 und meldete den Einbruch. Er bekam den Hinweis, sich einen Moment zu gedulden, heute Nacht sei besonders viel los. Und so blieb er vor der Haustür auf den Zaun gestützt stehen und wartete. Wie gern hätte er jetzt in seinem warmen Bett gelegen, aber einer musste ja die Stellung halten, und seine Frau war wieder zu den Nachbarn gegangen, um sich aufzuwärmen.

Nach einer gefühlten halben Stunde bog endlich ein Streifenwagen in die Straße und hielt vor dem Haus. Zwei Polizisten stiegen aus.

„Ist noch jemand im Haus?“, fragte der eine. „Waren Sie schon in der Wohnung?“

„Jein“, antwortete Herr Sommer. „Es ist keiner mehr da. Aber wir waren drin, sonst hätten wir die Wohnungstür nicht aufschließen können.“

„Da haben Sie möglicherweise wichtige Spuren zerstört“, kritisierte der Beamte. „Gibt es wenigstens noch Zeugen?“

„Ja, unsere Nachbarn“, sagte Herr Sommer.

„Ich muss erst einmal die Spusi anrufen“, sagte der zweite Beamte.

Also wurde nochmals eine Viertelstunde gewartet, dann ging es gemeinsam ins Haus, wobei nichts angefasst werden durfte.

In der Wohnung herrschte in allen Räumen ein heilloses Durcheinander, alle Schränke waren offen und durchwühlt, die Sachen wahllos auf dem Boden verstreut, die Betten auseinandergenommen und alle Schmuckkästen geöffnet und leer geräumt. Die Sommers waren entsetzt und Frau Sommer fing heftig an zu weinen; der gesamte Goldschmuck war weg, teure Stücke, die sie wohl nie wieder zurückbekommen würde. Die Beamten machten ihr wenig Hoffnung, empfahlen aber, alles ganz in Ruhe zu kontrollieren und aufzulisten, was gestohlen worden war, natürlich müsse auch ihre Versicherung informiert werden.

„Am besten wären Fotos der fehlenden Schmuckstücke“, sagte einer der Polizisten. Aber wer fotografiert schon seinen Schmuck, um im Falle eines Diebstahls die Fotos hochhalten zu können? Sie hatten ja auch keinen Safe; solche teuren Klunker besaßen sie nun doch nicht. Eine erste

Bestandsaufnahme ergab jedenfalls, dass neben Frau Sommers Goldschmuck auch der Ehering ihres Mannes fehlte sowie das gesamte Bargeld; nur den Modeschmuck hatten die Einbrecher liegen lassen.

Mittlerweile ging es auf 4:30 Uhr zu und die Sommers wollten endlich ins Bett. Die Polizisten konnten ohnehin nichts weiter tun; sie verabschiedeten sich und wünschten beiden noch ein glückliches neues Jahr, es konnte ja nur besser werden. Aufgrund der Aufregung brauchte das Ehepaar sehr lange, um schließlich einzuschlafen, und bei Herrn Sommer kamen noch die Schmerzen im Knie dazu.

Am späten Vormittag quälten sich die Sommers mühsam aus den Betten. Das lädierte Knie tat noch immer weh. Trotzdem begannen sie nach dem Frühstück, die häusliche Ordnung wiederherzustellen. Die Schränke und Schubladen wurden wieder eingeräumt, alle Fußböden gereinigt, das Fenster notdürftig repariert. Anschließend überprüften sie, was tatsächlich fehlte. So waren auch ein kleiner Werkzeugkasten, ein E-Book-Reader und eine amerikanische Taschenlampe – eine Maglite – unauffindbar. Noch am selben Tag bastelten sie an der Auflistung der gestohlenen Sachen und bereiteten zwei Briefe vor – einen für die Polizei, den anderen für die Versicherung.

Es dauerte ungefähr vier Wochen, bis die Polizei ihren Bericht über die erfolglose Fahndung nach den Einbrechern schickte. Der entwendete Schmuck, hieß es zudem, sei bisher nirgendwo aufgetaucht.

Nun fingen die Mühlen der Versicherung an zu mahlen. Leider war die Bargeldsumme sehr stark limitiert, es wurden nur maximal 500 Euro erstattet, und beim Schmuck fehlten natürlich die alten Rechnungen, keiner hatte daran gedacht, sie aufzuheben, sodass nun der Wert geschätzt werden musste. Den entstandenen Schaden würden die Sommers nicht komplett ersetzt bekommen, das stand fest.

Etliche Wochen später kam dann ein Schreiben von der Versicherung, in dem die Entschädigungssumme mitgeteilt wurde. Für Frau Sommer war es nur ein kleines Trostpflaster, denn ihr geliebter Schmuck war für immer verloren. Herr Sommer indes konnte den Verlust seines Eheringes leicht verschmerzen.

9. Reise mit Hindernissen

Statt im Urlaub zu entspannen,
kämpft man gegen Pech und Pannen.

Bedingt durch seinen Job musste Bernd Kasulke sehr häufig Dienstreisen in die benachbarten europäischen Länder antreten. Natürlich ging es in den meisten Fällen mit dem Flugzeug zu den Geschäftspartnern, sodass er häufig über den Wolken schwebte und als stolzer Miles-&-more-Teilnehmer viel Erfahrung sammeln konnte. Da die Firmen, mit denen man es dann zu tun hatte, in der Regel weit vom Flughafen entfernt lagen, musste er sich auch oft noch einen Leihwagen organisieren. So langsam entwickelte er eine gewisse Routine, und die Fliegerei und alles, was dazugehörte, wurde zur Gewohnheit. Dementsprechend gelassen sah er Urlaubsreisen mit der Familie entgegen.

Im Sommer 1998 reiste Bernd mit seiner Frau nach Lagos an die Algarve, weil beide noch nie Urlaub in Portugal gemacht hatten. Sie hatten im Voraus ein kleines Häuschen mit Pool für drei Personen gemietet und bei einer Autovermietung einen Wagen bestellt. Die Flugtickets hatten sie über das Internet gebucht. Der jüngste Sohn, Martin, wollte mit seinem Motorrad eine Woche später dazustoßen und für einige Tage bleiben. Kasulkes waren schon lange nicht mehr mit dem Nachwuchs im Urlaub gewesen, und nun sollte es mal wieder klappen.

Während die beiden ohne Komplikationen den Zielort erreichten, begann ihr Sohn seine Tour quer durch Europa. Er fuhr eine 200-ccm-Honda, der Sommer war mächtig heiß – das Thermometer stieg häufig über die 30 °C – und die kleine Maschine wurde nicht geschont. Er wollte die gesamte Strecke mit dem Motorrad zurücklegen und fuhr gewaltige Etappen; für die Nacht suchte er sich preiswerte Übernachtungsmöglichkeiten.

An der französisch-spanischen Grenze jedoch rächte sich der kleine Motor: Mit einem gewaltigen Knall krachte die

Pleuelstange durch das Motorgehäuse und Martin spritzte das kochende Öl aus dem Kurbelgehäuse an die Füße. Der Motor hatte den Geist aufgegeben. Da stand er nun – mitten im Nirgendwo, ohne Handy, mit dem er hätte Hilfe holen können, denn zu dieser Zeit hatten die wenigsten ein Mobiltelefon. Mithilfe anderer Verkehrsteilnehmer konnte Martin aber schließlich den ADAC kontaktieren, der dann im Laufe des Tages aufkreuzte, das Motorrad für den Transport nach Deutschland auf einen Hänger lud und dem Gestrandeten ein Dokument für ein Rückflugticket nach Berlin übergab.

Als Kasulkes an die Rezeption ihrer Ferienanlage gerufen wurden, ahnten sie nichts Gutes. Ihr Sohn sei am Telefon, hieß es, und eine aufgeregte Mitarbeiterin drückte Bernd den Hörer in die Hand. Die Verbindung war sehr schlecht, weshalb er nur Bruchstücke erfassen konnte. Er verstand zumindest, dass es eine Panne gegeben hatte und der Sohn wohlauf war. Da dieser keinesfalls auf den Urlaub mit seinen Eltern verzichten wollte, war er mit dem Zug weiter nach Portugal gefahren und wollte nun so schnell wie möglich vom Bahnhof abgeholt werden. Wann genau er ankommen würde, erfuhr Bernd leider nicht mehr.

Am Bahnhof versuchten Kasulkes nun, die Ankunftszeit auszurechnen. Dann jagten sie am Nachmittag zum Bahnsteig, um den ‚Kleinen' in Empfang zu nehmen. Übersehen konnte man ihn ja nicht, denn seine Haare waren im Sommer geradezu weißblond. Doch den Zug verließen nur dunkelhaarige Portugiesen. Martin kam und kam nicht.

Am nächsten Tag, als Bernd erneut frustriert vom Bahnhof zurück in das Ferienhäuschen kam, empfing ihn seine Frau freudestrahlend: Der „Kleine" hatte angerufen und erzählt, dass er in „Lisboa" auf dem Bahnhof saß und sehnsüchtig auf sie wartete. Offensichtlich hatte die Gattin nicht geschnallt, dass Lisboa der portugiesische Name für Lissabon ist!

„Hast du schon Stullen gemacht?“, fragte Bernd trocken.

„Wozu?“ Ihr Gesicht war ein einziges Fragezeichen.

Er setzte noch einen drauf und fragte: „Auf welchem Bahnhof in Lisboa wartet er denn?“

Nun konnte sie gar nicht mehr folgen. Jetzt erst erklärte Bernd ihr, dass zwischen Lagos und Lissabon etwa 300 Kilometer liegen.

„Das ist weiter als von Berlin bis zur Ostsee“, sagte er. Mit dieser Maßeinheit aus alten DDR-Zeiten, in denen sie nicht allzu weit mit ihrem Trabi hatten fahren können, wusste sie immer etwas anzufangen. Aufgeschreckt packte sie flugs etwas zu essen ein und sie fuhren los.

Gegen Mitternacht kamen sie am völlig menschenleeren Lissabonner Hauptbahnhof an. Der Bahnhof war modern und hell, doch ihren Sohn konnten sie nicht entdecken. Bernd ging zum Office einer Autovermietung, doch der Herr, den er dort lautstark wecken musste – kein Zug, also keine Kunden –, sprach kein Englisch. Aber manchmal sieht der liebe Gott doch alles: Als Bernd sich umdrehte, erfasste seine Netzhaut ein Polizeiauto mit zwei müden, aber wachen Polizisten. Sie erwiesen sich als sehr hilfsbereit und erklärten ihm, dass der Zug, mit dem sein Sohn höchstwahrscheinlich gekommen war, an einem anderen Bahnhof hielt, etwa zwanzig Minuten entfernt. Sichtlich erfreut über die Ablenkung baten sie Kasulkes, ihnen mit dem Leihwagen zu folgen.

So fuhren sie durch die menschenleeren Straßen Lissabons. Inzwischen war es fast 1 Uhr nachts. Plötzlich blinkte der Polizeiwagen rechtsseitig und hielt an. Allerdings war der Bürgersteig denkbar ungeeignet als Pkw-Parkplatz: Der Beifahrer öffnete die Tür, und sie stieß krachend gegen den Bordstein. Es folgte ein Schwall portugiesischer Flüche. Bernd stieg ebenfalls aus, woraufhin der Beamte auf Englisch erklärte, dass hier der Distrikt seiner Dienststelle ende und sie das letzte kurze Stück des Weges allein weiterfahren müssten. Kasulkes bedankten sich höflichst und eilten ihrem Sohn entgegen.

Der Bahnhof hatte wohl schon bessere Jahre gesehen. In der Empfangshalle, die mit teils abgeplatzten Fliesen und alter Holzverkleidung ausgestattet war, saß der „Kleine" auf dem Boden, um ihn herum in bedrohlicher Nähe sechs Obdachlose. Sein gesamtes Gepäck, einschließlich des Helms, hatte er sorgsam verschnürt mitgeschleppt. An seinen müden Augen konnte man ablesen, welche Strapazen er durchgemacht hatte.

Erleichtert fielen sie sich in die Arme. Da sie zwischendurch nicht hatten kommunizieren können, hatte Martin auch nicht gewusst, wann seine Eltern eintreffen würden. Auf dem Rückweg nach Lagos erzählte er ihnen, dass die Obdachlosen immer näher an ihn herangerückt waren und dauernd um Zigaretten und Münzen gebettelt hatten. Er hätte nur noch eine halbe Stunde ausgeharrt, dann wäre er in ein Hotel gegangen.

Nun, die drei waren überglücklich, wieder vereint zu sein. Die folgenden Tage waren von Freude gekennzeichnet. Als sich Martins Urlaubszeit dem Ende zuneigte, kauften sie ihm einen Koffer, damit er sein Gepäck normal transportieren konnte, und fuhren ihn zum Flughafen. Doch auch seine Rückreise sollte nicht ohne Komplikationen vonstattengehen.

Wie er später erzählte, saß er im Flieger neben einem Muskelmann in hellem Sportdress. Die Stewardess brachte eine kleine Mahlzeit, auf der sich eine klitzekleine Partytomate befand. Im Gegensatz zum Normalbürger, der solche Tomaten im Ganzen in den Mund steckt, versuchte Martin, diese nur kirschgroße Frucht zu zerschneiden, um sie mit Salz zu bestreuen und dann genüsslich beide Hälften einzuwerfen. Aber eine Tomate hat auch Gefühle; sie wehrte sich dermaßen, dass das weiche Innenleben nebst Kernen dem kraftstrotzenden Sitznachbarn ins Gesicht und auf das T-Shirt spritzte. Der konnte ein Zähnefletschen nur mühsam unterdrücken. Martin wäre am liebsten unter seinen Sitz gerutscht, da kam schon eine nette Stewardess mit einer Serviette zu Hilfe, um die Sauerei zu entfernen. Während der Reinigungsaktion entschuldigte sich Martin in aller Form, und im weiteren Verlauf des Fluges versuchte er, nur noch streng nach vorn zu schauen. Aber ein Seitenblick ließ sich nicht vermeiden, rein schon aus Neugier schielte er doch hinüber – und erstarrte ein zweites Mal. Die helle Hose des Muskelpakets war ebenfalls von oben bis unten leicht rötlich besprenkelt; er und die Stewardess hatten das bisher nicht bemerkt. Martin blickte zur Kabinendecke und dachte nur: Lass uns schnell landen und dann nichts wie weg!

Bernd sah sich derweil mit anderen Unannehmlichkeiten konfrontiert. Wenige Tage vor dem Heimflug wartete eine ziemlich hohe Hürde, die wir Männer alle Jahre wieder ohne Murren überwinden müssen: Shopping mit der Frau, die ein passendes Andenken aus dem Urlaub mitzubringen gedachte. Das konnte dauern …

Bernds Frau hatte schon klare Vorstellungen darüber, was sie sich – oder besser ‚ihnen' – aus Portugal mitnehmen wollte. Es sollte unbedingt etwas aus Keramik sein, denn Portugal ist berühmt für seine kunstvoll gestalteten Töpferwaren. Nach längerer Zeit fanden die beiden ein wirklich gutes Geschäft mit allerlei hübschen Keramik- und Porzellanprodukten. Frau Kasulke gefiel ganz spontan ein bunter, etwa 30 Zentimeter großer Clown, der aber auf Bernds Preis-Leistungs-Waage zu sehr Richtung Preis ausschlug. Es dauert länger als gewohnt, ihr diesen Clown wieder auszureden …

Dann fiel ihr Blick auf eine schöne Bodenvase. Sie war ohne Verpackung 70 Zentimeter hoch und hatte einen Durchmesser von 30 Zentimetern. Da sie gut in die Wohnung gepasst hätte und – Herrgott, der Urlaub war zu Ende – das übrig gebliebene Geld etwas lockerer saß, beschlossen beide, die Vase zu kaufen. An der Kasse fragte die Verkäuferin, ob sie mit dem Auto nach Deutschland fahren würden, und sie verneinten. Demzufolge packte die liebe Dame die Vase so ein, dass sie auch wohlbehalten ankommen möge. Als sie das Ding im Leihwagen verstaut hatten, machte sich Frau Kasulke dennoch Sorgen ob der wilden Gesellen der Gepäckabfertigung. Es war nicht ausgeschlossen, dass das Souvenir als altertümlicher Scherbenbruch in Berlin ankam. Aber Bernd konnte seine Frau ziemlich schnell beruhigen; er war doch ‚Vielflieger‘ und bestens vertraut mit den Abläufen des Flugbetriebs.

Leider wurde seine Kompetenz auf eine harte Probe gestellt. Als sie am Tag der Abreise den Flugplatz erreichten und den Leihwagen zurückgeben wollten, konnten sie ihren Rückgabeschein nicht finden. Es war wie verhext. Normalerweise steckten die Pässe, die Flugtickets und andere Reisepapiere in einem Rucksack, den Bernd immer trug. Nun konnte der Schein wohl nur noch in einem der beiden Koffer sein, und die waren riesengroß.

Mangels Ablage musste das Ehepaar die Koffer auf dem Fußweg öffnen. Dadurch versperrte es anderen Personen natürlich den Weg. Nicht nur Kasulkes Urlaub ging zu Ende – das Flughafengelände war voller Menschen. Außerdem guckte jeder neugierig auf Kasulkes Habseligkeiten, während beide nach einem Fetzen Papier suchten.

„Wir packen jetzt alles wieder ein", sagte Bernd entnervt zu seiner Frau, „ich gehe in das Office und erkläre alles, der Wagen ist ja schließlich unbeschadet da. Außerdem haben sie bestimmt alles im Computer abgespeichert."

Gesagt, getan. Die Übergabe klappte reibungslos, dann sprinteten sie weiter. Der Shuttlebus wartete schon, alle Gaffer waren bereits eingestiegen. Sie wuchteten die Koffer und das Vasen-Ungetüm in das Fahrzeug, da öffnete sich plötzlich Frau Kasulkes Beautycase. Im Nu war die Straße übersät mit Lippenstiften, Lidschattendöschen, Spiegeln, Cremetuben und einigen Bonbons. Bernd wäre am liebsten im Erdboden versunken. Mit rotem Kopf sammelten sie alle Utensilien ein und stiegen in den wartenden Bus.

Bernd hatte beschlossen, die Vase nicht als Gepäck aufzugeben, sondern sie mit an Bord zu nehmen. Da er doch ‚Vielflieger' war, würde er die Stewardessen schon beschwatzen können, dachte er. Mit dem Ungetüm unter dem Arm stieg er leicht schwankend die Gangway hinauf und kam unbeschadet an seinen Sitzplatz. Die Vase passte aber nicht in die über dem Kopf befindlichen Ablagefächer! Er stellte sie auf seinem Sitz ab und blieb, sie festhaltend, im Gang stehen. Das erregte erwartungsgemäß Aufsehen; es wurde geglotzt und getuschelt.

Bernd wurde immer unbehaglicher. Eine der beiden Stewardessen quält sich den Gang entlang zu ihm durch und gab ihm zu verstehen, dass das Paket in den Frachtraum müsse. Die Maschine sei voll ausgebucht und es bestehe keine Chance, sie irgendwo auf einem Sitz zu platzieren. Notgedrungen dachte sich Bernd eine Lüge aus, stammelte etwas von einem teuren und empfindlichen Hochzeitsgeschenk. Doch das beeindruckte die Stewardess nicht im Geringsten. Stattdessen erklärte sie jetzt lautstark ihrer im Eingangsbereich stehenden Kollegin die Situation. Auch die machte keinerlei Anstalten, über eine Lösung nachzudenken. Natürlich wusste Bernd, dass die Situation nicht beliebig in die Länge gezogen werden konnte, und er stellte sich vor, wie der Co-Pilot mit der Vase auf dem Schoß fliegen würde.

Doch dann kam die Rettung in Form eines androgynen Stewards aus der 1. Klasse, der eigentlich nur sehen wollte, warum der Stau nicht abfloss. Mit breitem Lächeln kam er tänzelnd auf Bernd zu und sagte: „Das kleine Problem werden wir schon lösen." Bernd hätte ihn spontan küssen können, wenngleich nur auf die Wange!

Etwas unbeholfen die Arme schwingend nahm Klaus-Bärbel dann Maß an dem Ungetüm. Normalerweise würde man mangels Zentimetermaß oder Ähnlichem die Größe der Hand, des Ellbogens oder des Beines als Orientierung nehmen, um einen entsprechenden Vergleich zu tätigen. Klaus-Bärbel aber hielt die linke Hand an den Boden der Vase, die rechte an deren Mündung. Mit gespreizten Armen schlängelt er sich dann durch den immer noch mit Passagieren vollgestopften Gang. Wie er da den Abstand der Hände halten konnte, war Bernd ein Rätsel. Schließlich winkte der Steward ihm zu, Bernd ergriff das Paket und stolperte hinter ihm her. Es war fast ein Wunder, Klaus-Bärbel hatte wirklich einen günstigen Stauraum hinter den nicht zurückklappbaren Sitzen in der letzten Reihe gefunden!

Bernds stark erröteter und schweißnasser Kopf fand langsam seine normale Farbe wieder und auch die Stirn kühlte etwas ab. Völlig erschöpft ließ er sich in seinen Sitz fallen und hätte am liebsten allen Gaffern den Mittelfinger gezeigt, obwohl er sich eher selbst hätte ohrfeigen müssen.

In Berlin-Tegel warteten Kasulkes vorsichtshalber so lange, bis alle anderen Passagiere ausgestiegen waren. Eine weitere peinliche Panne hätten sie einfach nicht verkraftet.

10. Was will er denn nun noch?

Wer nicht beten mag vor'm Schlafen,
den wird Gott bestimmt bestrafen.

Die meisten Eltern kämpfen verzweifelt mit dem Problem, ihre Kinder abends ins Bett zu bekommen. Das kann häufig länger dauern und ganz schön nerven, bis sie dann endlich doch Ruhe geben, liegen bleiben und irgendwann auch einschlafen. Viele Eltern – oft handelt es sich ja um die Mütter, die an vorderster Front agieren – haben da ihre speziellen Rituale entwickelt, um den Vorgang möglichst zu beschleunigen. Damals, als die Menschen noch mehrheitlich religiös waren und an den Sonntagen die Kirchen füllten, erwies sich eine Mischung aus Gottesfurcht und Aberglaube als sehr hilfreich. Da wurden den Kindern mitunter tolle Ammenmärchen aufgetischt; bevorzugt drohte man mit einem mächtigen Wesen, das angeblich von oben alles beobachten würde, was unten auf der Erde geschieht.

Auch der kleine Ludwig mag eines Abends nicht schlafen gehen. Er verzieht den Mund zu einer Schippe, indem er die Unterlippe weit nach vorn schiebt, am liebsten würde er sich lang hinschmeißen. Und dabei wird er immer grätiger und patziger, sodass ihm seine Mutter mit der Hand droht und sagt: „Wenn du nicht willst, du Racker, bekommst du was vom Fitze-Fatze-Fu!“

Das hilft auch im ersten Augenblick, und Ludwig mault nur ganz kurz, dann streift er sich seinen Schlafanzug über. Aber er ist richtig sauer auf Mutter und Vater, kriecht in sein Bettchen und steckt seine Nase tief ins Kissen; er will niemanden sehen.

„Ludwig, willst du denn heute kein Gutenachtgebet sprechen?“, fragt ihn seine Mutter vorwurfsvoll. „Ohne zu beten willst du schlafen gehen? Soll nachts kein Engel bei dir sein und dich im Schlaf beschützen? Nun mach mal ganz fix und bete ‚Ich bin klein, mein Herz ist rein‘! Lass dir das von deiner Mutter gesagt sein!“

Und die Mutter holt ihn wieder hoch. Doch Ludwig hat für heute genug und überhaupt keine Lust dazu. Seine Mutter kann noch lange vor seinem Bett stehen und lamentieren, er will nun mal nicht mehr beten, auf keinen Fall, da hilft auch kein Reden und kein Betteln, er ist richtig bockig, macht sich steif und schmeißt seinen Kopf in den Nacken.

Plötzlich blitzt und donnert es draußen so heftig, dass die Fenster ordentlich wackeln – es zieht ein gewaltiges Gewitter auf. Ludwig erschrickt gehörig; da wird ihm angst und bange, und er würde sich am liebsten die Decke über den Kopf ziehen. Verstört und mit blassem Gesicht sieht er seine Mutter an.

„Pass bloß auf, was jetzt passiert", mahnt sie. „Der liebe Gott ist sehr böse! Er hat gesehen, dass du heute Abend bockig bist und nicht beten willst. Nun falte schnell deine Hände, sonst wird der liebe Gott noch zorniger."

Das will der kleine Ludwig auf keinen Fall. Der helle Schein der zuckenden Blitze und der Knall waren zu Furcht einflößend. Nun faltet er schnell seine kleinen Hände und versucht, ein Gebet vor sich hinzustammeln, wobei seine Stimme leichten Widerwillen verrät. Schließlich werden seine Augenlider immer schwerer. Seine Mutter bleibt noch ein bisschen bei ihm sitzen und horcht, ob er auch wirklich schläft.

Mit einem Mal gibt es einen ganz gewaltigen Donnerschlag! Es kracht, als würde die Welt untergehen und alles in sich zusammenfallen. Ludwig, der beinahe schon eingeschlafen war, reißt beide Augen auf und guckt ganz ängstlich mit weit geöffnetem Mund seine Mutter an. Völlig eingeschüchtert flüstert er: „Was mag er denn nun noch von mir wollen?"

11. Der Zaun vor dem Anglerheim

Wenn Fremde deinen Zaun abbau'n,
solltest du genau hinschau'n,
denn wer sich gar nichts dabei denkt,
der ist beschränkt.

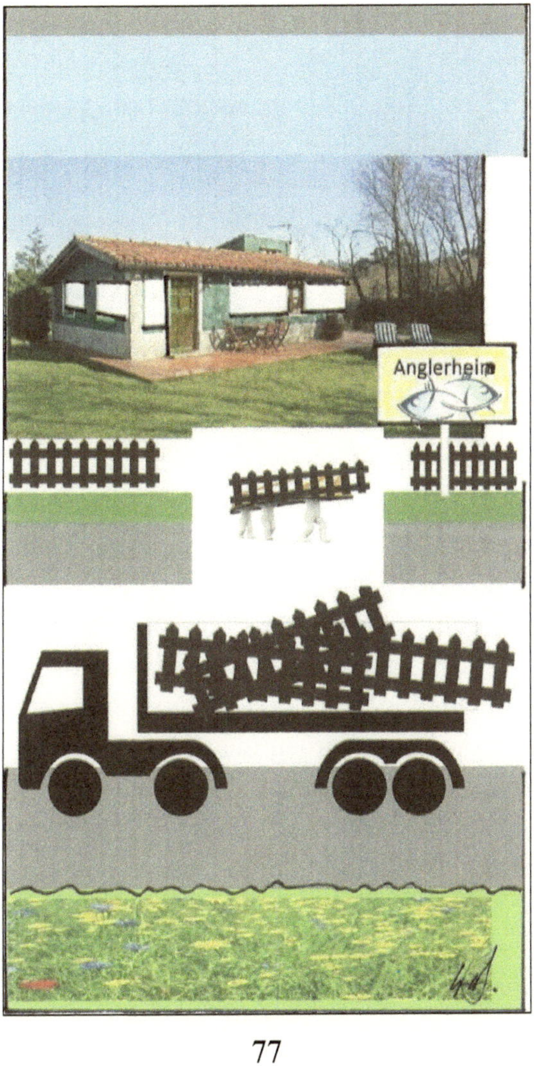

Das Anglerheim, der offizielle Treffpunkt der Fischräuber aus Oberschöneweide, lag direkt gegenüber der Wuhlheide, einer Parkanlage mit Zugang zur Spree. Zur Straßenseite hin wurde das Grundstück durch einen sehr maroden Jägerzaun begrenzt, der unbedingt erneuert werden musste. Einige Latten waren lose, andere fehlten bereits. Natürlich hätte man einen alten Zaun ohne Weiteres abreißen und entsorgen können. Doch woher sollten die Angler einen neuen nehmen? Damals handelten die Polen noch nicht mit ihren günstigen Metallzäunen, feuerverzinkt und in herrlichen Farben lackiert. Und die Vereinskasse war – wie immer – leer; Spenden waren dringend notwendig. Bevor ein neuer Zaun nicht in Sicht war, wollte man den alten besser noch eine Weile stehen lassen, damit Fremden der Zutritt auf das Gelände versperrt blieb.

Mit der Planung wurde allerdings schon begonnen. Der neue Zaun – diesmal aus Metall – sollte auf einen kleinen Sockel montiert werden, die Aufstellung wollten die Angler selbst übernehmen, was wesentlich kostensparender war. Wenn irgendwo das Material für das geplante Projekt abgezweigt werden konnte, würde der neue Zaun in greifbare Nähe rücken.

Als die benötigte Summe endlich zur Verfügung stand, konnte ein Vereinsmitglied tatsächlich aus undurchsichtiger Quelle Zaunfelder auftreiben, die allerdings entrostet und neu angestrichen werden mussten. Aber das störte die Angler nicht, und so fanden an den Wochenenden Arbeitseinsätze statt, bei denen die Felder auf Vordermann gebracht wurden, bis die Rostschutzfarbe ausging.

Ein paar Wochen später trafen dann auch die Zaunpfähle ein, die vor dem Einbetonieren natürlich noch entsprechend behandelt werden mussten, da sie ebenfalls nicht ganz neu waren. Als dann nach vielen Wochenendeinsätzen alle Felder montiert waren und der neue Zaun stand, waren alle Angler glücklich und zufrieden. Einige Mitglieder hätten ihn gern feuerverzinken lassen, aber auch so wertete er das Grundstück ordentlich auf. Am darauffolgenden Wochenende wurde der neue Metallzaun im Beisein aller Angler feuchtfröhlich eingeweiht.

Nach einem halben Jahr, erneut an einem Wochenende, führten die Mitglieder ihre Jahreshauptversammlung durch, auf der der Sportplan für die nächste Saison besprochen wurde. Alle saßen im Anglerheim an einer langen Tafel bei Kaffee und Kuchen, später wurde auch Flaschenbier gereicht.

Während drinnen intensiv über den Jahresplan und die vergangenen Angelturniere diskutiert wurde, hielt vor dem Grundstück ein großer Lkw. Männer in blauen Arbeitsanzügen und mit Werkzeug ausgestattet stiegen aus und begannen, die einzelnen Zaunfelder zu demontieren und auf die Ladefläche zu stapeln. Obwohl einige der Mitglieder das beobachteten, nahm keiner Anstoß daran. Nun wird unser Zaun wohl doch noch verzinkt, freuten sie sich.

Dann fuhr der Lkw davon und ward nie mehr gesehen. Man hatte den Anglern am helllichten Tag und vor ihrer eigenen Nase den nagelneuen Zaun geklaut!

12. Das Geisterauto

Autofahren ist nicht schwer,
Parken ist es umso mehr.

Frau Paul arbeitete in einem großen Supermarkt an der Kasse. Täglich bewegte sie Tonnen von Waren vom Laufband über den Scanner und wieder aufs Band. Das erforderte volle Konzentration und viel Kraft. Es handelte sich zwar ‚nur' um einen Halbtagsjob, aber im Dreischichtsystem.

Den Job hatten Frau Paul und ihre Nachbarin nun schon seit zwei Jahren. Beide saßen glücklicherweise in der gleichen Schicht an der Kasse, und so fuhren sie auch gemeinsam zur Arbeit. Da es – wie so häufig in Brandenburg – keine öffentliche Verkehrsverbindung zwischen Wohnort und Arbeitsstelle gab, nutzten sie Frau Pauls alten Ford und wechselten sich beim Fahren ab. Auf einem eigens für Mitarbeiter vorgesehenen Parkplatz konnten sie das Auto dann abstellen und von dort aus auf dem kürzesten Weg in den Supermarkt gelangen.

Eines Tages, Anfang November, hatten die Frauen Nachmittagsschicht. Es sollte ein anstrengender Arbeitstag werden; mehrmals blickten die beiden verstohlen auf die Uhr und sehnten den Feierabend herbei. Als der Markt wie – alle Geschäfte damals – pünktlich um 19 Uhr schloss, rechneten sie ihre Kassen ab und eilten zum Mitarbeiterparkplatz.

Draußen war es längst dunkel; einsam stand der Wagen unter einer müde flackernden Straßenlaterne. Auf dem Weg zum Auto hatte Frau Paul schon nervös in ihrer Handtasche gekramt; nun wurde sie immer unruhiger: Sie konnte den Autoschlüssel nicht finden.

„Hörst du das auch?", raunte ihre Nachbarin plötzlich und verlangsamte die Schritte. Ein leises Tuckern waberte über den Platz. Vorsichtig näherten sich die Frauen dem Wagen. Es war eindeutig – irgendwie machte der Ford Geräusche, so als wenn er schon im Leerlauf gestartet worden wäre. Die Nachbarin umrundete das Auto, dann spähte sie durch die Fenster.

„Da steckt der Autoschlüssel im Zündschloss!“, rief sie aufgeregt.

„Wie kommt der denn da rein?“, murmelte Frau Paul verstört und umfasste den Türgriff. Doch wie sich herausstellte, waren alle Autotüren fest verschlossen.

Nun wurden die beiden Frauen leicht hysterisch. Was sollten sie jetzt machen? Hilfe holen? Aber woher? War es besser, das Auto aufbrechen zu lassen, oder sollten sie lieber zu Hause anrufen? Nach kurzer Diskussion entschieden sie sich dafür, nach Hause zu telefonieren und jemanden zu bitten, mit dem Zweitschlüssel vorbeizukommen. Also gingen sie wieder zurück in den Markt, um vom Büro aus anzurufen.

Sie hatten großes Glück. Nach längerer Wartezeit bekam Frau Paul endlich ihren Mann an die Strippe. Völlig aufgelöst – ihre Stimme überschlug sich fast – versuchte sie ihm die prekäre Situation zu erläutern, der aber verstand nur Bahnhof.

„Was heißt hier ‚Die Autotüren lassen sich nicht öffnen, der Schlüssel steckt im Zündschloss und der Motor läuft‘?“, fuhr er sie an. „Das kann doch nicht sein! Wie konnte denn das passieren?“

Darauf wollte Frau Paul absolut keine Antwort geben, sondern bat wiederholt, er möge so schnell wie möglich mit dem Ersatzschlüssel kommen.

Herr Paul musste erst einmal eine Weile nach dem Zweitschlüssel fahnden, bis er ihn endlich fand. Mit überhöhter Geschwindigkeit fuhr er zum Supermarkt, um seine Frau zu erlösen. Dort angekommen musste er erst nach dem

Angestelltenparkplatz suchen. Doch als er das Auto entdeckte, war keine der Frauen zu sehen. Er stieg aus, inspizierte den Ford und stellte fest, dass der Motor tatsächlich lief, der Schlüssel innen steckte und die Türen verriegelt waren.

„Das gibt es doch nicht!“, brummte er. „Wie ist sie denn da ausgestiegen? Man muss doch merken, dass der Motor noch läuft und der Schlüssel steckt.“ Das konnte ihm nur seine Frau erklären, aber dafür musste er sie natürlich erst einmal finden. Vorher schloss er aber das Auto auf, stellte den Motor ab und nahm den Schlüssel an sich. Anschließend eilte er Richtung Supermarkt, in dem er seine Frau vermutete.

Mit einem Käffchen aus dem Automaten saßen Frau Paul und die Nachbarin im Gang des Marktes und plauderten.

„Du sitzt hier und trinkst gemütlich Kaffee, während ich draußen auf dich warte?“ Herr Paul war entrüstet.

„Ja, uns war zu kalt, und wir wussten ja nicht, wann du kommst. Da sind wir reingegangen, um uns aufzuwärmen“, antwortete seine Frau.

„Sag mir mal lieber, wie du das mit dem Auto fertiggebracht hast!“, redete sich Herr Paul in Rage. „Das ist doch kaum zu glauben! Das geht doch im Normalfall gar nicht! So dämlich kann man sich doch nicht anstellen!“

„Es ist einfach passiert, ich weiß selbst nicht mehr wie“, erwiderte seine Gattin schulterzuckend und vollkommen unaufgeregt. „Wir haben gequatscht und beim Aussteigen einfach die Türen zugemacht. Dass der Motor noch lief, haben wir überhaupt nicht bemerkt.“

Herr Paul musste mehrmals nach Luft schnappen. Was sollte er da noch sagen? Frauen konnten einem einfach die Sprache verschlagen.

13. Die Kreuzfahrt-Überraschung

Verwandte zu erschrecken,
ist was, das jeder kann.
Man muss sich nur verstecken,
der Rest ergibt sich dann.

Kreuzfahrten stehen zurzeit hoch im Kurs. Auf allen Weltmeeren sind die schwimmenden Hotels unterwegs, und der Altersdurchschnitt der Reisenden ist stark gesunken. Man kann von unzähligen Häfen aus in See stechen: Wer es bequem mag, startet in Bremerhaven, Kiel, Hamburg oder Warnemünde. Aber auch außerhalb Deutschlands ist es möglich, an Bord zu gehen; allerdings muss man hierfür erst einmal mit dem Flieger anreisen.

Ja, das Fernweh treibt uns Deutsche oft auf große Fahrt. Wir möchten fremde Länder und Städte ansehen, andere Kulturen und Bräuche kennenlernen. Das Reisen mit einem Kreuzfahrtschiff hat dabei den großen Vorteil, dass das gebuchte Hotelzimmer – die Kabine – immer mitfährt und das lästige Ein- und Auspacken der Koffer entfällt. Genießt man solch eine Schiffsreise mit der Familie oder mit Freunden, macht es besonders viel Spaß. Langeweile oder Einsamkeit kommen gar nicht erst auf, und später kann man sich gemeinsam an die schönen Momente der Reise erinnern.

Aus den oben genannten Gründen fassten auch drei miteinander verwandte Pärchen für den kommenden Sommer eine Kreuzfahrt ins Auge. Geplant war eine Reise zu den europäischen Metropolen. Das Schiff sollte in Hamburg starten und dann London, Paris, Brüssel und Amsterdam anlaufen. Leider musste Familie Schröder bereits während der Planungsphase aus gesundheitlichen Gründen aussteigen. Und so wurde die All-inclusive-Reise letztendlich nur für vier Personen via Internet gebucht, natürlich mit Frühbucherrabatt.

Nun galt es noch mehr als drei Monate zu warten, bis das AIDA-Schiff vom neuen Terminal in Hamburg ablegen würde. Und wie immer wollte die Zeit einfach nicht vergehen, obwohl die vier schon mehr als urlaubsreif waren und es kaum erwarten konnten, endlich an Bord gehen zu dürfen. Dass ein Ehepaar nicht mitfahren konnte, bedauerten sie sehr. Es hielt sie allerdings nicht davon ab, die beiden Pechvögel über die Urlaubsplanung auf dem Laufenden zu halten. Der unschlagbare Frühbucherpreis, die Fahrt mit dem ICE nach Hamburg, der Abreisetermin des Kreuzfahrtschiffes, die Seeroute – alles wurde haarklein weitererzählt.

In der Zwischenzeit verbesserte sich indes der Gesundheitszustand bei Familie Schröder, sodass die beiden anfingen, darüber nachzudenken, ob sie vielleicht doch mitfahren sollten. Und so recherchierten sie im Internet, ob auf dem Kreuzfahrtschiff noch eine Kabine frei war; Zeit war ja noch genug bis zur Abreise. Ihr Vorhaben verheimlichten sie den Verwandten zunächst; erst nach erfolgreicher Buchung wollten sie die anderen einweihen.

Tatsächlich konnten die Schröders noch eine Kabine ergattern, sogar zu einem noch günstigeren Preis, als die Frühbucher zahlen mussten. Auch bei der Anfahrt mit dem ICE nach Hamburg erzielten sie ein tolles Schnäppchen. Nun hätten sie den anderen beiden Paaren erzählen sollen, dass sie doch wieder gemeinsam in den Urlaub fahren würden. Nach langem Hin und Her fällten sie jedoch die Entscheidung, es weiterhin geheim zu halten. Sie freuten sich schon auf die dummen Gesichter, wenn sie sich an Bord begegnen würden …

Die letzten vierzehn Tage vor dem Reiseantritt gestalteten sich allerdings äußerst schwierig. Schröders mussten zum einen ihre Reisevorbereitungen verbergen, denn die anderen Paare wohnten in derselben Straße. Zum anderen sollten sie die Verwandtschaft mit dem Auto zum Bahnhof bringen, während deren Abwesenheit die Blumen gießen, die Briefkästen leeren, bei Trockenheit den Rasen sprengen, ab und zu mal nach dem Rechten sehen und sie dann wieder mit dem Auto vom Bahnhof abholen. Wie sollte das gehen? Sie ließen sich vorerst nichts anmerken und taten so, als würden sie alles wunschgemäß erledigen wollen. Doch es gab keinen Ausweg: Sie mussten zumindest ihre Tochter und den Schwiegersohn einweihen und ihnen die Schlüssel übergeben, damit sie die notwendigsten Arbeiten übernehmen konnten.

Um die vier Urlauber nicht zum Bahnhof fahren zu müssen – schließlich mussten sie ja selbst per Zug nach Hamburg –, täuschten Schröders einen dringenden Arzttermin vor. Sie planten, einen Zug später zu fahren und dann unbemerkt an Bord zu gehen. Die Verwandtschaft war folglich gezwungen, ein anderes Familienmitglied zu rekrutieren.

Pünktlich um 9:30 Uhr wurden die Frühbucher abgeholt und zum Bahnhof gebracht. Hinter der Gardine beobachteten die Schröders die Abfahrt, dann riefen sie ihre Tochter an. Als diese eintraf, wurden die Koffer im Auto verstaut und alle tranken noch gemütlich eine Tasse Kaffee. Eigentlich hatten sie Fahrkarten für den 11-Uhr-Zug gebucht, aber sie hatten keine große Eile, schließlich fuhr stündlich ein ICE nach Hamburg. Das Schiff würde erst gegen 18 Uhr ablegen, und auf keinen Fall wollte man den vieren vorher begegnen.

Schröders nahmen den ICE um 12 Uhr. Jetzt konnte das Abenteuer beginnen! Nervös wurden die beiden erst, als unterwegs der Zugbegleiter kam und sehr aufmerksam ihre Fahrscheine kontrollierte.

„Ihre Tickets sind aber nicht für diesen Zug gültig. Sie hätten vor einer Stunde fahren müssen“, sagte er plötzlich.

„Das ist doch nun wirklich egal“, meinte Herr Schröder leicht gereizt, „wir sind ja keine Schwarzfahrer.“ Sollte ihnen die Deutsche Bahn etwa einen Strich durch die Rechnung machen?

Nach einer kurzen Belehrung gab der Schaffner ihnen die Fahrscheine wieder zurück mit den Worten, noch einmal eine Ausnahme zu machen.

In Hamburg angekommen suchten Schröders erst einmal den Busbahnhof, den sie dann mithilfe eines Ehepaares fanden, das dieselbe Kreuzfahrt gebucht hatte und direkt aus Hamburg kam. Von dort aus fuhren sie gemeinsam zum neuen Kreuzfahrtschiffanleger im Hamburger Hafen. Von dem Ehepaar erfuhren Schröders, dass es schon in London und Paris gewesen war und auch Amsterdam gut kannte. Die beiden wollten sich auf See einfach nur erholen, Wellnessprogramme, gutes Essen und die Ruhe genießen und vor allen Dingen viel Sonne tanken. Sie hatten die Reise erst zwei Tage zuvor gebucht und noch viel weniger bezahlt als die Schröders.

In der großen Abfertigungshalle war ordentlich Betrieb; viele Menschen standen in langen, schlangenförmigen Reihen und warteten auf das Einchecken. Schröders hielten natürlich vorsichtig Ausschau nach der Verwandtschaft, aber die beiden Paare waren bestimmt schon auf dem Schiff in ihren Kabinen. Als Schröders endlich an der Reihe waren, mussten sie ihre Koffer abgegeben, ihr Handgepäck durften sie behalten. Dann wurde ein Passfoto geschossen und je eine Bordkarte ausgestellt. Damit sie ihre Kabine leichter finden konnten und sich nicht verliefen, erhielten sie ein Faltblatt, auf dem die einzelnen Schiffsdecks abgebildet waren. In der Halle wurden sie – so wie auf den Flughäfen – mit einem Scanner kontrolliert. Anschließend wurde vor der Gangway ein Erinnerungsfoto mit einem Besatzungsmitglied im Matrosenanzug gemacht. Danach ging es endlich direkt auf das Schiff, einen riesigen Kasten, so hoch wie ein mehrgeschossiges Haus; sie kamen sich sehr klein vor.

An Bord wurden Schröders sehr freundlich empfangen. Ihre Bordkarten wurden gescannt und nochmals erfolgte eine Kontrolle des Handgepäcks. Nun hieß es vorsichtig zu sein, erst einmal unentdeckt in die Kabine zu gelangen, sich frisch zu machen und auf die Koffer zu warten. Danach wollten sie Kaffee trinken gehen und nach den anderen beiden Paaren Ausschau halten.

Als sich Schröders etwas ausgeruht hatten, fuhren sie mit dem Fahrstuhl auf Deck 8, wo es zur fortgeschrittenen Nachmittagszeit in einem Selbstbedienungsrestaurant Kaffee und Kuchen gab. Hier warteten viele Passagiere auf das Ablegen des Schiffes, und ziemlich schnell entdeckten Schröders auch ihre Verwandten. Sie saßen direkt am Fenster, tranken Kaffee und plauderten angeregt miteinander.

„Los geht's!“, raunte Frau Schröder. Ganz langsam und unauffällig schlichen sich die beiden an den Tisch, dann riefen sie ganz laut: „Überraschung!“

Alle am Tisch zuckten erschrocken zusammen. Sie trauten ihren Augen nicht. Einen Moment lang herrschte Ruhe, anschließend sprachen alle aufgeregt durcheinander:

„Das gibt es doch nicht!“

„Wo kommt ihr denn her?“

„Sagt bloß, ihr macht mit uns die Kreuzfahrt!“

Nun mussten die zwei ihre Geschichte erzählen, und die anderen konnten es kaum glauben. Die Überraschung war wirklich geglückt. Alle freuten sich mächtig, doch noch gemeinsam in See stechen zu können. Diese Kreuzfahrt würde keiner von ihnen so schnell vergessen.

14. Der Wassergeldstreit

Wasser ist besond'res Nass,
oft wird man bei den Preisen blass.

Wasser ist ein teures Gut. Ohne Wasser kein Leben. Doch nicht nur unser Trinkwasser hat seinen Wert. Auch für Abwasser kann man schon mal kräftig zur Kasse gebeten werden.

Es waren einmal ein Alt- und ein Neuanschließer, beide aus dem schönen Bundesland Brandenburg, wo diese Bezeichnungen von den Wasserzweckverbänden erfunden wurden, um zwischen denjenigen zu unterscheiden, deren Grundstück vor 1990 an das zentrale Wassernetz angeschlossen wurde und denjenigen, deren Anschluss an die Wasserzuleitung und -ableitung nach 1990 erfolgte. Die Männer – nennen wir sie Schneider und Hoffmann – trafen sich zufällig in einer Kneipe und kamen ins Gespräch.

Herr Schneider hing schon sehr lange am Netz, war also laut Definition ein Altanschließer. Herr Hoffmann hingegen hatte nach der Wende auf seinem Grundstück ein Häuschen gebaut und wurde als sogenannter Neuanschließer an das ziemlich marode Leitungsnetz angeschlossen. Keinem von beiden waren die zu Unrecht eingezogenen Anschlussbeiträge zurückgezahlt worden, und die Fristen für den letzten Einspruch waren den Medien zufolge bereits abgelaufen.

Da hatten sich zwei gefunden! Endlich konnten sie ihrem Ärger mal richtig Luft machen, sich alles von der Seele reden und dabei den Frust herunterspülen. Und so erzählte jeder von seinem Kampf gegen die allmächtigen Trink- und Abwasserverbände.

Herrn Hoffmann machte besonders seine letzte Niederlage zu schaffen. Er hatte einen Einspruch unterschrieben und nicht daran gedacht, dass ja nur seine Frau als Grundstückseigentümerin das Recht dazu hatte und seine Person in diesem Fall überhaupt nicht zählte.

„Ich hatte in der Vergangenheit alle Einsprüche bearbeitet und immer darauf geachtet, die vorgegebenen Termine einzuhalten“, regte er sich auf. „Die unterschiedlichsten Einspruchsformen, ja, das ganze irre Verwirrspiel des Verbandes habe ich mitgemacht. Aber dann kam dieser blöde Formfehler – und aus die Maus. Dabei hatte ich bisher immer meine Frau unterzeichnen lassen, doch diesmal, unter Zeitdruck, hatte ich es einfach vergessen.“

Herr Schneider konnte die Empörung seines Gesprächspartners verstehen: „Ich vermute, die suchen jede noch so kleine Möglichkeit, das Geld einzusparen und uns alle leer ausgehen zu lassen; das ist doch deren Methode.“

„Ja, das stimmt“, sagte Herr Hoffmann. „Auf meinen nochmaligen Einspruch, diesmal von meiner Frau unterschrieben, habe ich keine Antwort bekommen. Also habe ich da angerufen und wollte noch mal nachfragen, was nun sei, aber ich habe nur dumme Antworten bekommen. Da bin ich völlig ausgerastet und der Sachbearbeiter hat einfach aufgelegt.“ Herr Hoffmann musste erst einmal einen kräftigen Schluck Bier nehmen, bevor er weiterreden konnte. „Bei uns war das sowieso sehr undurchsichtig, irgendwie komisch. Das erste Mal wurden wir als Neuanschließer – was ja laut Definition auch richtig war – zur Kasse gebeten. Aufgrund vieler rechtlicher Formfehler hatten wir uns Klägern in Cottbus angeschlossen, womit wir auch Erfolg hatten. Wir brauchten nichts zu bezahlen, im Gegensatz zu all unseren Nachbarn, die auch neu gebaut, aber nicht geklagt hatten. Da glaubten wir schon, das Thema sei vom Tisch. Aber falsch gedacht. Einige Jahre später wurden wir plötzlich als Altanschließer angeschrieben und sollten erneut zahlen! Diesmal war der Kostenbeitrag völlig neu berechnet worden, indem man die Grundstücksgröße und die Geschosshöhe miteinander multipliziert hatte. Ein Wunder, dass nicht auch die Hausnummer hinzugerechnet wurde."

Herr Schneider nickte. „Ja, ich weiß, die bisherige Berechnungsformel wurde einfach über den Haufen geworfen. Es gibt neuerdings neben Ein- und Zweigeschossen auch Viertelgeschosse, womit der Berechnungsfaktor von 1 auf 1,25 angestiegen ist. Eigentlich unverschämt!", beendete Schneider seinen Beitrag.

Herrn Hoffmanns Gesichtsfarbe wechselte langsam ins Dunkelrote. „Das sind ganz Abgezockte, denen ist jedes Mittel recht, um ihre gewaltigen Verluste mit hohen Anschlusskosten wieder einzufahren! Die Verbände versuchen gnadenlos, ihre Forderungen durchzusetzen, dabei sind sie mit ihren überdimensionierten Klärwerken selbst schuld an den finanziellen Einbußen. Die schießen mit Kanonen auf Spatzen! Und wir Trottel haben auch noch den Ratschlag befolgt, erst zu bezahlen und anschließend zu klagen."

„Ja, so war es auch bei uns", erwiderte Herr Schneider. „Wir haben stramm bezahlt und bis heute kein Geld zurückbekommen. Wir haben auch immer die Fristen für die Einsprüche verpasst; da hat ja am Ende keiner mehr so richtig durchgesehen."

Herr Hoffmann nickte. „Da kann ich nur zustimmen. In unseren Zeitungen konnte man viele sehr widersprüchliche Artikel lesen. Einmal sollte es Geld zurückgeben, dann wieder nicht. Oder wenn, dann nur einen ganz bestimmten Betrag. Mal schrieben sie von rechtlichen Ungereimtheiten, groben Fehlern, die gemacht wurden, und später soll das dann doch rechtmäßig gewesen sein und alles wurde einfach zugunsten der Verbände ausgelegt. Bei diesem

Verwirrspiel fehlte einem am Ende doch der Durchblick. Unsere Umwandlung von Neu- in Altanschließer ist auch so ein Witz. Wie kann das eigentlich sein, dass man erst durch Richterspruch von der Beitragszahlung befreit und dann als neuer Klient zur Kasse gebeten wird?“

„Das stinkt zum Himmel“, sagte Herr Schneider und setzte sein leeres Bierglas lautstark auf dem Tisch ab. „Zwei Herrengedecke, bitte!“, rief er der Kellnerin zu. Während seine neue Bekanntschaft das stille Örtchen aufsuchte, spülte er seinen Ärger mit Schnaps herunter.

„Kaum zu glauben, dass schon die alten Römer Abwasserkanäle und Trinkwasserleitungen hatten“, sagte Herr Hoffmann und nahm wieder Platz. „Manche Anlagen sind ja heute noch in Betrieb.“

„Das hätten die sich zu DDR-Zeiten mal als Vorbild nehmen sollen“, brummte Herr Schneider. „Bei uns hatten die meisten noch eigene Pumpen und keinen Hauswasseranschluss. Die braune Brühe konnte man jedenfalls nicht trinken. Die Scheiße wurde vor der Haustür aus Gruben abgepumpt und auf die Rieselfelder verteilt. In einigen Gemeinden wurden die Fäkalien auch gleich auf die benachbarte Wiese gepumpt. Oder die Gruben waren so undicht, dass alles langsam ins Trinkwasser sickerte. Gut, Wasserleitungen existierten auch schon in den Ortskernen, die waren aber schon alt und marode. Wer außerhalb wohnte, musste sich immer selbst behelfen.“

„Ja, ja, von altersschwachen Wasserleitungen kann ich ein Lied singen“, sagte Herr Hoffmann. „Seit wir neu angeschlossen wurden, ist schon zweimal vor unserer Haustür die Straße abgesackt, eben durch die brüchige Wasserleitung. Danach wurde sie wieder notdürftig zusammengeflickt, was viel Zeit in Anspruch genommen hat. Die Straße war ständig blockiert, sodass kaum noch ein Auto durchkam. Auf eine neue Leitung werden wir wohl ewig warten müssen."

Herr Schneider winkte ab. „Da können wir noch lange diskutieren. Der Verbraucher ist doch immer der Dumme. Unser Geld sind wir jedenfalls los; da ist nichts mehr zu retten."

„Trinkwasser, Schmutzwasser, Grundwasser – ich hab das Thema wirklich satt", stöhnte Herr Hoffmann.

„Aber gegen Feuerwasser ist nichts einzuwenden", sagte Herr Schneider lachend und bestellte noch zwei Doppelte.

15. Riss in der Stoßstange

Egal wie alt, egal wie klein,
ein Riss kann sehr verwirrend sein.

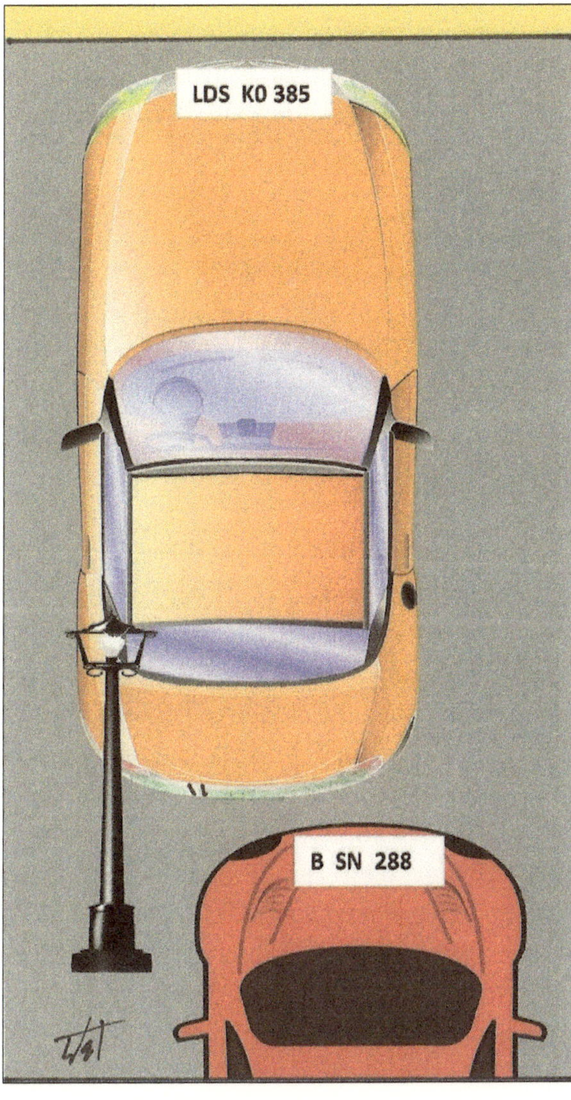

Eine Straßenlaterne wurde Mick zum Verhängnis. Eine, die hinter ihm stand, deren Existenz er verdrängt hatte, als er in seinem Auto saß – bis er mit Schwung dagegen fuhr. Ein modernes Automodell hätte ihn piepend vor dem Hindernis gewarnt, so aber knutschte die Stoßstange eine der Schinkelleuchten, die in regelmäßigen Abständen entlang der Allee standen. Hätte er doch bloß nicht halbseitig auf dem Bürgersteig geparkt! Mick stieg aus und nahm den Schaden in Augenschein.

Der Laternenpfahl stand noch fest und gerade, nichts schien beschädigt, nicht mal einen Kratzer hatte sie abbekommen. Auch an der schwarzen Plastikstoßstange konnte Mick im ersten Moment nichts erkennen. Erst als er sie mit dem Fuß leicht anstupste, zeigte sich ein senkrecht verlaufender Riss. Noch mal Glück gehabt, dachte Mick. Eine sofortige Reparatur war jedenfalls nicht notwendig. Man konnte ja einen Aufkleber über den Riss kleben.

In den folgendend Wochen kümmerte sich Mick nicht weiter um den Riss; der kleine Vorfall war schnell vergessen. Auch den guten Vorsatz, in Zukunft besser darauf zu achten, was hinter seinem Auto los war, verlor er bald wieder aus dem Gedächtnis.

Eines Tages nun sollte Mick seine Tochter samt Anhang vom Flughafen in Schönefeld abholen; die Familie kam aus dem Urlaub von den Kapverdischen Inseln, wo sie vierzehn Tage in der Sonne gelegen hatte. Er machte sich rechtzeitig auf den Weg zum Flughafen und parkte auf einem der separaten Parkplätze. Die Maschine war bereits gelandet, aber Mick musste noch eine Weile warten, bevor seine Enkel, die Tochter und sein Schwiegersohn aus der Tür des Gepäckraums traten. Freudig empfing er sie, übernahm einen Teil des Gepäcks und führte die Gruppe zu seinem Auto. Nachdem sie die Koffer verstaut hatten, stiegen alle fünf ein und er startete sein Wagen.

Die Sicht nach hinten war etwas eingeschränkt, da auf der Rückbank drei Personen saßen. Aber hinter Mick hatte ja kein Auto gestanden, also plante er, ganz normal zurückzustoßen und dann bequem den Parkplatz zu verlassen. Mit leichtem Schwung fuhr er an – und stieß plötzlich mit der Stoßstange gegen etwas, das ein dumpfes Geräusch erzeugte. Durch den Aufprall wurden alle Insassen leicht durchgerüttelt; ein kollektiver Aufschrei ging durch das Fahrzeug. Mick legte schnell den Vorwärtsgang ein und der Wagen rollte wieder etwas nach vorn, weg vom unbekannten Hindernis.

Wutentbrannt sprang Mick aus seinem Auto. Welcher Idiot stand denn da plötzlich direkt hinter ihm? Der Parkplatz war doch so gut wie leer gewesen! Auch aus dem Wagen, mit dem er offensichtlich kollidiert war, sprangen der Fahrer und seine Beifahrerin heraus und fingen lautstark an zu schimpfen:

„Haben Sie denn keine Augen im Kopf? Sie müssen uns doch gesehen haben, oder sind Sie etwa absichtlich aufgefahren?“

„Augen hab ich“, erwiderte Mick knapp, „aber nicht im Hinterkopf!“ Nun stieg auch seine Tochter aus und beide Parteien besahen sich den entstandenen Schaden.

Die Plastikstoßstange mit dem leichten Riss hatte am anderen Fahrzeug nur einen kleinen Abdruck hinterlassen, es war eigentlich kaum der Rede wert. Micks Auto wies – bis auf das Andenken an die Straßenlaterne – überhaupt keine Unfallspuren auf. Trotzdem wollte das Paar unbedingt die Polizei rufen. Als die Frau begann, beide Autos von allen Seiten zu fotografieren, wurde Mick langsam richtig sauer.

„Es ist doch nichts weiter passiert! Für die kleine Beule komme ich natürlich auf. Aber das ist doch kein Fall für die Polizei!“

Das sah die Gegenpartei ganz anders, und schon nach zehn Minuten kam eine Funkstreife, um den Unfall aufzunehmen.

Zuerst untersuchten die Beamten die Fahrzeuge, dann sollten die Unfallbeteiligten den Hergang schildern. Die Polizisten hörten sich alles in Ruhe an und stellten anschließend fest, dass Mick klar der Schuldige sei. Er hätte sich vor dem Rückwärtsfahren erst über etwaige Hindernisse informieren müssen.

„Rückspiegel, Seitenspiegel, Schulterblick – Ihnen stehen doch verschiedene Möglichkeiten zur Verfügung“, sagte einer der Beamten.

„Der Sachschaden an den Autos ist eigentlich viel zu gering für eine weitere polizeiliche Bearbeitung“, fuhr der andere fort, „aber aufgrund des Risses in der Stoßstange des Verursachers müssen wir leider ein Protokoll aufnehmen.“

Mick bekam einen Schweißausbruch. „Da liegt ein Irrtum vor“, versuchte er zu beschwichtigen. „Der Riss in meiner Stoßstange ist nicht jetzt entstanden. Der ist schon fünf Wochen alt.“

Schlagartig hellten sich die Mienen der Polizisten auf. Sie warfen sich einen kurzen Blick zu, erklärten den Sachverhalt für erledigt, verabschiedeten sich freundlich und fuhren davon.

„Im Landkreis Dahme-Spreewald fahren wohl alle mit einem Riss in der Stoßstange durch die Gegend“, bemerkte die Frau giftig und stieg in den Wagen.

„Klar“, murmelte Mick. „Lieber ein Riss in der Stoßstange als ein Sprung in der Schüssel.“ Beide Autos verließen den Parkplatz und Mick konnte endlich die Familie nach Hause bringen.

16. Der erste Seeurlaub

Auch ohne Luxus kann's gelingen,
entspannten Urlaub zu verbringen.

Der Urlaub ist für viele Menschen die schönste Zeit des Jahres. Ob man nun möglichst weit wegfährt, um andere Länder kennenzulernen, oder einfach nur die schöne heimatliche Natur genießt – Hauptsache, man steigt mal aus dem täglichen Hamsterrad aus und entspannt.

Eine Flut von Angeboten macht es heutzutage nicht leicht, sich für ein Reiseziel zu entscheiden; die Auswahlmöglichkeiten sind enorm. Über Reisebüros oder das Internet lässt sich – je nach Geldbeutel – nahezu jeder Urlaubswunsch erfüllen. Zu DDR-Zeiten sah das völlig anders aus.

Auch wir hatten damals Fernweh, aber unsere Wege endeten in der Regel an der Grenze. Und selbst Urlaubsreisen innerhalb der Republik waren utopisch, wenn man nicht Verwandte hatte oder gute Beziehungen. Die wenigen Ferienplätze, die zur Verfügung standen, wurden vom Freien Deutschen Gewerkschaftsbund (FDGB) verwaltet. Eine Mitgliedschaft war natürlich Grundvoraussetzung und wurde beim Eintritt in die Arbeitswelt anempfohlen; über neunzig Prozent der Werktätigen zahlten monatlich ihren Beitrag und hofften auf Vergünstigungen.

Der FDGB vertrat natürlich die Interessen des Staates. So hatte er nicht nur für die sozialistische Erziehung der Mitglieder zu sorgen, sondern auch für die Regeneration ihrer Arbeitsfähigkeit; schließlich mussten sie fit bleiben für die Planerfüllung. Häufig erhielten daher besonders Arbeitswütige die begehrten Ferienplätze, und Funktionäre wurden selbstverständlich mit kostenlosen Reisen geehrt. Der ‚Normalbürger' hingegen musste einige Jahre warten, bis er tatsächlich mal seine Koffer packen durfte. Zuvor war ein Antrag zu stellen, der dann von einer Kommission im Betrieb diskutiert wurde. Wie so häufig ging es bei der

Vergabe ‚nach Nase'; Engagement in der Gewerkschaft, Parteizugehörigkeit oder die Position im Betrieb waren schon ausschlaggebend. Die tollen Reisen an die Ostsee bekamen jedenfalls immer die anderen. Hatte man dann endlich eine Reise ergattert, folgte wieder eine mehrjährige Durststrecke.

In den Siebzigerjahren bekamen meine Frau und ich völlig überraschend unsere erste FDGB-Reise zugesprochen. Unser Antrag auf eine Reise an die Ostsee war abgesegnet worden; man hatte uns auserwählt. Meine Frau war sehr glücklich, endlich ‚richtig' Urlaub machen zu können. Aber dann erfuhren wir, dass unsere Tochter, die zu diesem Zeitpunkt gerade mal zweieinhalb Jahre alt war, laut Reiseverordnung nicht mitfahren durfte; erst ab einem Alter von drei Jahren wäre das wohl möglich gewesen. Diese Nachricht stimmte uns beide sehr traurig, aber so war es nun einmal, und man nahm es hin, wie so vieles. Wir wollten die Reise wieder zurückgeben, doch meine Schwiegermutter überredete uns, die Chance zu nutzen. Fast zwei Wochen Hiddensee – das würden wir so schnell nicht wieder angeboten bekommen. Sie erklärte sich bereit, ihr Enkelkind derweil zu betreuen, und so traten wir dann unsere erste Urlaubsreise an.

Da wir weder Auto noch Führerschein besaßen, mussten wir mit dem Zug nach Stralsund fahren, was einen halben Tag in Anspruch nahm. In Stralsund ging es zu Fuß durch die halbe Stadt zur Dampferanlegestelle, von wo aus die Fähre ablegen sollte. Dabei mussten wir natürlich unser gesamtes Urlaubsgepäck mitschleppen, denn Rollkoffer gab es damals noch nicht.

Der Weg zum Hafen war sehr beschwerlich, aber wir waren jung und einiges gewohnt. Als wir an der Anlegestelle erfuhren, dass die Fähre zur Insel gerade abgelegt hatte und die nächste erst in zwei Stunden übersetzen würde, sank unsere Urlaubsstimmung allerdings merklich. Also suchten wir uns eine Gaststätte in der Nähe; wir waren ja schon seit den frühen Morgenstunden auf den Beinen und hatten außer Frühstück nichts weiter gegessen. Wir brauchten nicht sehr lange zu suchen, bis wir ein Lokal gefunden hatten, in dem wir etwas zu uns nehmen konnten. Die Speisekarte war wie üblich sehr übersichtlich: Neben Kartoffelsalat mit Bockwurst – im Volksmund ‚Leichenfinger' genannt – und Buletten – ‚Gummihaken' – gab es noch Strammen Max oder Fisch mit Bratkartoffeln.

Frisch gestärkt ging es dann mit dem Schiff Richtung Hiddensee. Die Sonne schien, auf dem Wasser wehte ein leichter, kühler Wind, die Wellen schlugen aufschäumend an die Bordwand und zahlreiche Möwen begleiteten den Kahn. Da kam mir doch gleich eine Ballade von Theodor Fontane in den Sinn, mit der man uns in der Schule gequält hatte. Darin ging es um John Maynard, einen Steuermann, der trotz Feuer sein Schiff über den Eriesee nach Buffalo schipperte, alle Passagiere bis ans Ufer rettete und selbst dabei umkam. Was für ein Held! Unsere Überfahrt von Stralsund nach Hiddensee war wesentlich ruhiger und sicherer. Der erste Stopp erfolgte in Neuendorf, dann ging es weiter, bis wir endlich in Vitte an Land gehen konnten.

Im Hafen warteten schon kleine Fuhrwerke auf die Ankömmlinge. Sie nahmen unser Gepäck in Empfang und brachten uns zu den privaten Unterkünften. Wie man uns mitteilte, sollten wir bei einer Frau Hoffmann einquartiert werden. Wir waren natürlich äußerst gespannt. Nach und nach wurden die anderen Urlaubsgäste abgesetzt, bis wir am Ende übrig blieben.

Unsere Unterkunft lag etwas abseits hinter einer seichten Düne, ziemlich dicht am Strand. Wenn man das Haus erreichen wollte, musste man erst durch tiefen Zuckersand latschen, denn einen befestigten Weg zur Hütte gab es nicht. Mit unserem Gepäck wateten wir bis zur Haustür und ließen die alte Seemannsglocke erklingen; eine elektrische Klingel gab es nicht. Es meldete sich aber niemand. Also öffneten wir einfach die Tür und traten ein.

Im Inneren empfing uns das ohrenbetäubende Geräusch eines Staubsaugers, der von einer älteren Dame energisch über den Teppich geschoben wurde. Wir versuchten durch Rufe auf uns aufmerksam machen, jedoch vergebens – all unsere Begrüßungsversuche verpufften. Erst als der Staubsauger verstummte, wurden wir von unserer Gastgeberin bemerkt. Sie durchbohrte uns fast mit ihrem Blick.

„Können Sie sich nicht melden?“, fuhr sie uns an. „Normalerweise stellt man sich vor, wenn man ankommt!“

Etwas verdutzt erklärten wir ihr, dass wir das schon längere Zeit vergeblich versucht hätten. „Ihr Staubsauger war so laut.“

„Ja, hier muss man ständig saugen. Die Gäste schleppen den Sand tonnenweise ins Haus. Könnten Sie Ihre Schuhe zukünftig vor der Tür säubern?“ So laut, wie die gute Frau sprach, hatte sie vermutlich etwas an den Ohren.

Nach kurzem Wortwechsel zeigte sie uns dann unser Zimmer, was sich im unteren Geschoss des Hauses befand, eine sehr kleine, fast mittelalterlich anmutende Stube, die recht spartanisch eingerichtet war. Das Doppelbett war viel zu klein – kaum 1,75 Meter lang und knapp über einen Meter breit – und hatte an beiden Enden eine ziemlich hohe Lehne. Direkt hinter dem Bett stand eine alte Kommode, auf der ein Wasserkrug aus Porzellan sowie eine große

Emailschüssel standen. Fließend Wasser und ein Waschbecken mit Abfluss schien es in diesem Häuschen nicht zu geben, auf jeden Fall nicht in unserem Zimmer. Wir hatten wenig Hoffnung, was die Toilette betraf, und richtig: Sie befand sich außerhalb des Hauses, wo drei einfache Plumpsklos standen, wie sie auf dem Land üblich waren.

Hier durften wir nun anderthalb Wochen wohnen und unseren Urlaub verbringen. Das konnte ja heiter werden. Wie ich in dem kleinen Bett schlafen sollte, war mir völlig unklar; da hatte es meine Frau mit ihren 1,56 Metern leichter. Aber bis zum Schlafengehen war ja noch etwas Zeit. Wir beschlossen, erst einmal unsere Koffer auszupacken und uns etwas frisch zu machen, eben mithilfe der bereitgestellten Schüssel am Bettende. Wobei die nächste Frage auftauchte: Wohin mit dem verschmutzten Wasser? Sollten wir es einfach aus dem Fenster, vor die Haustür oder in den Garten gießen?

Antworten auf Fragen wie diese erhielten wir noch am selben Abend. Frau Hoffmann und ihr Mann – ein alter Seebär, der wahrscheinlich schon Rente bezog – baten alle neuen Gäste in die gute Stube des Hauses, wo man uns zur Begrüßung einen Rostocker Kümmel anbot und anschließend über die Hausordnung belehrte. Da war so einiges zu beachten, Vorschriften ohne Ende. Das Schmutzwasser sollte einfach in eine Ecke des Gartens gekippt werden, frisches Wasser wurde an der Pumpe gezapft. Jede Gästefamilie hatte ein eigenes Plumpsklo mit passendem Schlüssel zugewiesen bekommen und erhielt auch einen Schlüssel für die Haustür. Ab 20 Uhr wurde die Unterkunft grundsätzlich abgeschlossen.

Unsere persönlichen Daten wurden in eine Meldeliste eingetragen, denn der Abschnittsbevollmächtigte (ABV) wollte genau wissen, wer sich auf der Insel aufhielt. Schließlich befanden wir uns im Grenzgebiet, und einige waren wohl schon von hier verschwunden. Ganz nebenbei stellten wir uns gegenseitig vor, und nach dem zweiten Kümmel fingen wir an, etwas lockerer miteinander zu plaudern. Von unseren Gastgebern erfuhren wir noch, dass wir Frühstück, Mittag und Abendbrot circa zwei Kilometer von unserem Quartier entfernt in einem ehemaligen Restaurant bekämen und dass man unbedingt die vorgegebenen Essenszeiten einhalten müsse, da in Schichten gegessen werde. Aber wir waren ja jung, die täglichen Spaziergänge machten uns nichts aus. Auf der ganzen Insel durfte man ohnehin nur zu Fuß oder mit dem Fahrrad unterwegs sein. Für Autos bestand absolutes Fahrverbot, mit Ausnahme eines Fahrzeugs: einer Kombination aus Krankenwagen und Feuerwehrauto, das wir aber während unseres Aufenthaltes nicht zu Gesicht bekamen.

In der sogenannten Verpflegungsstelle gab es einen großen Speisesaal mit Essenausgabe, einen kleinen Getränkeverkauf hinter einer Luke und zwei Klubräume. Alles erinnerte sehr an unsere Betriebskantine: das Alubesteck, das Plastikgeschirr, der Geruch, auch der Lärmpegel war entsprechend. Natürlich musste man sich selbst bedienen und in eine lange Warteschlange einreihen – was wir als DDR-Bürger ja gewohnt waren. Ich glaube, das Mittagessen wurde mit Pferd und Wagen in Kübeln aus einer Großküche angeliefert. Bis auf wenige Gerichte schmeckte es sogar, aber wir waren nicht sehr anspruchsvoll, satt wurden wir eigentlich immer. Nur Lungenhaschee, undefinierbare Innereien süßsauer, das ging überhaupt nicht.

Wer das nötige Kleingeld hatte, konnte auch woanders essen gehen. Auf der Insel gab es einige Gaststätten, Kneipen und Cafés, sodass wir auf unseren Streifzügen über die Insel hin und wieder für ein Bier vom Hahn oder ein Glas Wein einkehrten. Geschäfte suchte man hier indes vergebens. Und so verbrachten die meisten Urlauber ihre Zeit am Strand.

Die Strandabschnitte auf der Insel waren fast durchweg für FKK-Freunde freigeben, und tatsächlich liefen kaum Leute in Badebekleidung herum, was uns anfangs doch etwas irritierte. Da es keine Strandkörbe gab, lagen die Badegäste auch einfach auf dem Sand. Nur einige wenige bauten kleine Burgen, in denen sie sich versteckten. Selbst im Wald hinter den Dünen begegneten uns auf einer Fahrradtour nach Neuendorf Nackte, die ungeniert ihre Hunde Gassi führten. Wir wären vor Schreck fast vom Rad gefallen. So verbrannte, faltige Haut hatten wir noch nie gesehen; man hätte meinen können, von alten Indianern umgeben zu sein.

An den Abenden, wenn es langsam schummerig wurde, durfte sich niemand mehr am Strand aufhalten, darauf hatte man uns eindringlich hingewiesen. Dann patrouillierten die Grenzsoldaten und bewachten die Küste, damit ja keiner von der Insel verschwand. Unterstützt wurden sie von Schiffen der Volksmarine und Wachposten, die von den vielen Beobachtungstürmen aus die Insel observierten. Wir wussten damals nicht einmal, in welche Richtung man eigentlich musste, um in den Westen zu gelangen … Flucht war für uns zu dieser Zeit überhaupt kein Thema; wir waren jung und glücklich.

Ich stand allabendlich vor einem ganz anderen Problem: Wie sollte ich in diesem kurzen Bett schlafen? Was halbwegs funktionierte, war die Embryonalstellung, aber sehr lange konnte ich so zusammengekauert auf keinen Fall liegen. Ausgestreckt auf dem Rücken oder in der Seitenlage ging auch nicht, also legte ich ab und zu die Beine hinten auf das Schränkchen – bis ich eines Nachts mit den Füßen den Porzellankrug abräumte. Es gab einen dumpfen Knall und sie zersprang in viele Scherben. Glücklicherweise wurde außer meiner Frau niemand wach, aber am nächsten Morgen musste ich notgedrungen mein Missgeschick beichten, denn wie hätten wir uns sonst weiterhin waschen sollen? Direkt an der Pumpe? Frau Hoffmann jedenfalls war nicht gerade erfreut. Bis ins kleinste Detail musste ich den Vorfall schildern. Ich erzählte ihr eine Geschichte zwischen Dichtung und Wahrheit; ob sie mir glaubte, weiß ich nicht, zumindest wollte sie kein Geld von mir, da sie versichert war. Wir bekamen dann einen anderen Krug – einen noch älteren mit noch hässlicherem Muster.

Die Tage vergingen wie im Flug, und kein Wölkchen ließ sich am Himmel blicken. Ab und zu sprangen wir in die Ostsee, aber wir lungerten nicht ewig am Strand herum. Wir wanderten viel oder fuhren mit den Rädern, die man sich im Ort ausleihen konnte. Meist waren wir mit einem Ehepaar aus Halle unterwegs, das schon etwas länger verheiratet war als wir. Die beiden wohnten ebenfalls in einer privaten Unterkunft und hatten ähnliche Verhältnisse, mit Pumpe im Garten und Herzhäusl, wie man in Bayern sagen würde.

Kulturell wurde auf Hiddensee wenig geboten. Einmal waren wir in Kloster und besuchten das Sommerhaus des Schriftstellers Gerhart Hauptmann, das als Museum eingerichtet war. Für meinen Geschmack waren die unter Naturschutz stehenden Vogelschutzgebiete und der wild wachsende Sanddorn weitaus interessanter … Kinovorführungen, wie sie heute in Vitte angeboten werden, gab es zu dieser Zeit noch nicht. In unserem Speisesaal wurde lediglich ein Lichtbildervortrag über die Flora und Fauna der Insel gehalten. Ansonsten saß man am Abend bei einem Glas Bier oder Wein, quatschte oder vertrieb sich die Zeit mit Kartenspielen.

Nach knapp zwei Wochen ging es wieder mit dem Dampfer nach Stralsund und von dort aus mit dem Zug zurück nach Berlin-Lichtenberg. Da wir noch keinen Urlaub auf diese Weise gemacht hatten, waren wir recht zufrieden und erholt. Dennoch freuten wir uns sehr auf zu Hause und ganz besonders auf unsere kleine Tochter.

17. Anglerlatein

Weil Angler so schön lügen,
bis sich die Balken biegen,
glaubt jeder „Ach, der spinnt!“,
wenn sie mal ehrlich sind.

Wer kennt sie nicht, die unglaublichen Geschichten, die unter zunehmendem Alkoholeinfluss aufgetischt werden? Besonders talentierte Erzähler sind Angler, Jäger und Seemänner; sie haben immer eine abenteuerliche Story auf Lager. Ihre Tätigkeiten scheinen einfach mit verrückten Erlebnissen einherzugehen.

Nun werden Lügengeschichten im Volksmund nicht umsonst als Seemannsgarn, Angler- oder Jägerlatein bezeichnet. Vertreter der oben genannten Spezies neigen zu Ausschmückungen und Übertreibungen, sodass meist nur ein winziger Teil – der Kern der Geschichte – der Wahrheit entspricht. Dabei ist das Schwindeln manchmal gar nicht nötig – die kuriosesten Situationen bringt das Leben selbst hervor:

Detlef und Klaus, zwei alte Angelfreunde, hatten sich von einem Bekannten ein Ruderboot ausgeliehen. Keine schnöde Plastikbarke, nein, einen ganz alten Kahn, vollständig aus Holz, so wie Boote früher nun mal gebaut wurden. Schon seit ein paar Tagen schien ununterbrochen die Sonne. Das trockene, warme Wetter war ideal zum Angeln. Also verstauten die beiden ihre Ausrüstung im Auto und fuhren gemeinsam zum See, wo am Steg des Vereinsheims das kleine Holzboot auf sie wartete.

Als sie ankamen, inspizierten sie erst einmal die Leihgabe. Der Kahn sah ziemlich ausgetrocknet aus. An den oberen Spanten der Seitenwand schimmerten bereits die Sonnenstrahlen hindurch; hier wäre ein Teeranstrich zur Abdichtung notwendig gewesen. Aber dafür waren weder Zeit noch Material vorhanden, außerdem gehörte ihnen der Kahn ja gar nicht. Unbekümmert luden Detlef und Klaus ihr Angelzeug und mehrere Flaschen Bier in das Boot, holten die Ruder aus dem Bootshaus und legten ab.

Sie wollten diesmal ganz dicht an der Seerosenkante ihr Glück versuchen. Als sie den idealen Ankerplatz erreicht hatten, ließen sie an Seilen befestigte Gewichte auf den Grund des Sees gleiten, machten ihre Angeln flott und warfen die Köder ins Wasser. Dann war es an der Zeit, das erste Bier zu öffnen. Beide prosteten sich zu und hofften auf einen guten Fang.

Es dauerte nicht sehr lange, da ging die erste Pose unter. Detlef riss seine Angel ruckartig an – und der erste Fisch hing am Haken. Wenig später zog auch Klaus seinen ersten Fang aus dem See, und so ging es Schlag auf Schlag weiter. Langsam füllten sich die Setzkescher mit recht großen Plötzen und Rotfedern. Dass der Kahn nicht ganz dicht war, bemerkten die beiden Männer in ihrem Angelrausch gar nicht. Sie hatten nur noch Augen für ihre ständig hüpfenden Posen. So verrückt hatten die Fische ja noch nie gebissen!

Als das Wasser bereits in ihre Schuhe lief, waren sich beide einig, dass etwas unternommen werden musste. Mit einer leeren Bierflasche versuchten sie, das stetig steigende Wasser aus dem Boot zu schöpfen, doch die Maßnahme war nicht sehr wirkungsvoll. Im Gegenteil: Das Wasser drang inzwischen auch durch die oberen Ritzen ein. Selbst die Zuhilfenahme des Futtereimers konnte nichts daran ändern, dass Detlef und Klaus bald mit dem Hintern im Wasser saßen.

Alles im Kahn fing an zu schwimmen. Ob sie wollten oder nicht – sie mussten das Boot verlassen. Da es aus Holz war, würde es zwar nicht untergehen, aber Detlef und Klaus hatten ja einiges zu verlieren. Ehe sie sich's versahen, trieb die Angelausrüstung ab und die Fische suchten das Weite. Nun galt es schnell zu handeln. Den vollgelaufenen Kahn hinter sich herziehend schwammen sie zum Ufer und brachten die Angeln und die noch übrig gebliebenen Fische in Sicherheit. Dann versuchten sie mit aller Kraft, das Boot umzudrehen, um das Wasser herauszubekommen, und zogen es an Land. Wenn das ihre Vereinsfreunde gesehen hätten …

Triefend nass, wie sie waren, konnten sie auf keinen Fall ins Auto einsteigen. Also zogen sich beide bis auf die Unterhose aus und verstauten die nassen Sachen mit den Angeln und den übrig gebliebenen Fischen im Kofferraum. Schnellstmöglich nach Hause, das war alles, was sie wollten. Doch auf ihrem relativ kurzen Heimweg gerieten sie auch noch in eine Verkehrskontrolle. Die beiden Wachtmeister staunten nicht schlecht, als sie zwei halb nackte Herren im Auto sitzen sahen.

Die Fahrzeugpapiere und der Führerschein waren glücklicherweise trocken geblieben, da sie während des Angelausflugs im Auto gelegen hatten. Dennoch verspürte Detlef das Bedürfnis, den Beamten die merkwürdige Situation zu erklären.

„Ja, ja, Anglerlatein", sagte einer der Polizisten und winkte ab.

Dass ihre Glaubwürdigkeit dermaßen infrage gestellt worden war, ärgerte Detlef und Klaus noch lange. Viel schlimmer war aber, dass ihr Kentern auf der nächsten Anglerversammlung Gesprächsthema Nummer eins war. Die Aktion war offensichtlich doch nicht unbeobachtet abgelaufen.

18. Einmal und nie wieder

Steht mal ein Flieger defekt auf der Piste,
so hilft vielleicht eine Werkzeugkiste.

Für junge Leute gab es in der DDR auch organisierte Auslandsreisen. Über Jugendtourist, das Reisebüro der FDJ, wurden spezielle Reisen für unter Dreißigjährige angeboten. Natürlich ging es nur in sozialistische Länder, und wer in der Warteschlange ganz hinten stand, musste schon mal mit einem Trip nach Sibirien vorliebnehmen.

In den Siebzigerjahren fuhr eine Gruppe mit einem Reiseleiter, der kaum älter war als sie selbst, nach Bulgarien. Ziel war allerdings nicht der Goldstrand von Varna, sondern ein kleines Bungalowdorf bei Kavazite. Von Schönefeld aus ging es mit einem Propellerflugzeug russischer Bauart zunächst nach Burgas am Schwarzen Meer, was an sich schon ein Riesenereignis darstellte, denn kaum einer hatte je zuvor in einem Flieger gesessen. In Burgas wartete dann ein recht klappriger Bus, der sie in das kleine, malerische Fischerdorf brachte.

Die jungen Leute wurden in einfachen, engen Bungalows untergebracht; die gastronomische Versorgung erfolgte in einer Art Klubgaststätte. Luxusurlaub sah anders aus, aber der schöne weiße Strand lag direkt vor der Haustür, das Wasser war glasklar und es herrschten angenehme Temperaturen.

Der Strand wurde von Sportstudenten aus Sofia bewacht, die während ihrer Semesterferien als Rettungsschwimmer arbeiteten. Wenn der Sturmball hochgezogen war, herrschte striktes Badeverbot. Angeblich waren hier schon mehrere Urlauber ertrunken. Hatte sich trotzdem jemand in die tollen Wellen gestürzt, wurde er gewaltsam aus dem Meer gezerrt. Die Studenten besaßen sogar einen Gummiknüppel, den sie manchmal auch einsetzten. Mit ihnen durfte man sich nicht anlegen; alle waren sehr muskulös und richtig durchtrainiert, sie waren die Kings am Strand und hatten das Sagen.

Die Reisegruppe genoss dennoch den herrlichen Strandurlaub. Abgerundet wurde er durch einen Ausflug an die türkische Grenze, wo am Lagerfeuer echte Bären tanzten und Leute barfuß über glühende Kohlen liefen. Die Zeit verflog in Windeseile, und plötzlich stand die Heimreise an.

Als die Jugendlichen mit ihrem Reiseleiter am Flughafen in Burgas ankamen, checkten sie ein und begaben sich in den für sie vorgesehenen Transitraum. Kurz darauf erfuhren sie aber, dass sich der Abflug nach Schönefeld verzögern werde. Den Grund konnte oder wollte man ihnen jedoch nicht mitteilen. Also musste sich die ganze Gruppe auf eine längere Wartezeit einrichten.

Währenddessen wurden mehrere Flugzeuge zum Abflug bereitgestellt und die Passagiere nach Wien, Hamburg und Frankfurt am Main aufgerufen. Gern wäre unsere Ostberliner Gruppe mitgeflogen, aber zum Transitraum für West-Reisende hatte sie keinen Zutritt. Für eine Änderung der Reiseroute wären außerdem andere Pässe und Flugtickets erforderlich gewesen. Metropolen außerhalb des Ostblocks blieben für die Jugendlichen einfach unerreichbar.

Je länger die Reisenden Richtung Schönefeld warten mussten, desto unruhiger wurden sie. Inzwischen hatte man ihnen erlaubt, den Transitbereich wieder zu verlassen, damit sie sich im Flughafen die Beine vertreten oder draußen frische Luft schnappen konnten. Und so saßen die jungen Leute nun auf der Außenterrasse und beobachteten das Treiben auf dem Rollfeld. Dabei entdeckten sie etwas abseits eine russische Maschine, eine Tupolew Tu-114 mit vier Propellern. Das musste das Flugzeug nach Schönefeld sein. Aber warum war es nicht startbereit? Ob es defekt war und erst repariert werden musste?

Einheimische, die ebenfalls nach Ostberlin fliegen wollten, bestätigten diese Vermutung. Sie übersetzten der Reisegruppe die einzelnen Lautsprecherdurchsagen und boten ihr Eselswurst und selbst gebrannten Sliwowitz an. Das half ein wenig über die Warterei hinweg, konnte jedoch nicht zur allgemeinen Beruhigung beitragen. Alle warteten gespannt darauf, was geschehen würde.

Plötzlich tauchte auf dem Rollfeld ein Fahrradfahrer auf. Bei näherem Hinsehen entpuppte er sich als Monteur im Blaumann; am Lenker hing ein großer Werkzeugkasten. Sollte das ihr Retter in der Not sein?, fragten sich die Jugendlichen halb belustigt, halb bestürzt. Tatsächlich fuhr er direkt auf das Flugzeug zu, stieg ab, nahm Hammer und Meißel aus der Werkzeugkiste und begann, an einer Außenklappe herumzuklopfen.

Alle waren entsetzt! Keiner wollte mehr in diesen Flieger einsteigen. Aber was blieb ihnen denn anderes übrig? Sie mussten ja irgendwie wieder nach Hause kommen, wo die Familien sicher schon ungeduldig am Flughafen warteten. Als wenig später die Durchsage zum Boarding ertönte, hatte es folglich niemand besonders eilig, ins Flugzeug zu steigen. Mit einem mulmigen Gefühl nahmen alle ihre Plätze ein, und diejenigen, die ohnehin unter Flugangst litten, verabschiedeten sich innerlich von ihren Angehörigen.

Dann hob die Maschine ab. Spätestens nach zehn Minuten schwand auch bei den Letzten das allgemeine Sicherheitsgefühl. Schon beim kleinsten Wackler schreckten viele auf. Und die Erschütterungen häuften sich. Das Flugzeug wurde richtig durchgerüttelt, und es schien, als sei es auch etwas abgesackt.

Bei etwas größeren Turbulenzen fingen schließlich einige Fluggäste an, entsetzt aufzuschreien. Die Stewardessen bemühten sich redlich um Deeskalation, indem sie das Ganze als wetterbedingte Begleiterscheinung abtaten, aber das wollte keiner so richtig glauben. Im hinteren Bereich des Fliegers, wo es besonders schaukelte, wollte sich eine Frau einfach nicht beruhigen und konnte erst mit einem doppelten Weinbrand ruhiggestellt werden. So manch einer hätte sich auch gern einen Doppelten bestellt, wollte sich aber nicht die Blöße geben.

Als dann endlich die Reifen Kontakt mit der Piste in Schönefeld aufnahmen, gab es stürmischen Applaus, wie nach einer gelungenen Theateraufführung. Alle klatschen wild und waren heilfroh, wieder auf der Erde zu sein. Urlaub auf Balkonien war eindeutig besser als sein Ruf.

19. Die Nachbarn

Bei Hunden, Männern und auch Frau'n
endet Freundschaft oft am Zaun.

Unter den sozialen Beziehungen zählt die Nachbarschaft zu den heikelsten. Jeder hat Nachbarn, ob er will oder nicht. Man braucht sie oder auch nicht, liebt sie, hasst sie oder geht ihnen aus dem Weg. In dünn besiedelten Regionen, wie Finnland oder Kanada, können zwischen Anwohnern mehrere Kilometer liegen. Anderswo leben Hausbesitzer so nah beieinander, dass sie von Nachbarn regelrecht eingekesselt sind. Gemeinsame Grundstücksgrenzen bergen hier ein besonders hohes Konfliktpotenzial. Presse, Funk und Fernsehen berichten immer wieder von unglaublichen Fällen, in denen Nachbarschaftsstreite so eskalierten, dass sie vor Gericht landeten.

Ein gutes Verhältnis zum Nachbarn erfordert diplomatisches Geschick und Selbstbeherrschung. Die Erfahrung zeigt, dass es in der Anfangsphase meist ganz gut läuft: Man grüßt höflich über den Gartenzaun, bietet dem anderen seine Hilfe an und gibt sich umgänglich. Dann folgen eventuell gegenseitige Einladungen, die jedoch gern dafür genutzt werden, den Nachbarn zu beeindrucken. Spätestens jetzt bekommt die Fassade des Wohlwollens erste Risse, denn der Vergleich ist ja bekanntlich das Ende der Zufriedenheit.

Der kleinste Fehltritt kann den Unmut des Nachbarn erregen. So weit wollte es Familie Mayer gar nicht erst kommen lassen. Nichts sollte das lang ersehnte Leben auf dem Land gefährden. Seit 1970 hatte sie in Berlin eine Plattenbauwohnung bewohnt. Nach der Wende war der Traum vom Eigenheim endlich in greifbare Nähe gerückt. Zahlreiche Hindernisse hatten Herr und Frau Mayer überwunden: Eigenkapital aufgetrieben und einen Kredit abgeschlossen, das einst enteignete Land entschuldet und zu Bauland umwandeln lassen, den Bauantrag gestellt und mit dem heiß begehrten grünen Stempel bewilligt bekommen. Sie hatten einen Haustyp ausgewählt, der Platz für eine Einliegerwohnung bot, in die ihre Tochter samt Hunden und Lebensgefährten Olli einziehen konnte; sie hatten Geduld mit Handwerkern bewiesen, bauliche Mängel angezeigt und beseitigen lassen, alle Räume gestrichen, die Fußböden verlegt und sogar beim Einbau der Küchen und Bäder selbst Hand angelegt. Schließlich war die Familie mit Sack und Pack ins neue Haus eingezogen.

Mit ihren Nachbarn waren die Mayers recht zufrieden; es hätte durchaus schlimmer kommen können. Zum Richtfest und zur Einweihungsparty hatten sie sie eingeladen, man hatte sich beschnuppert und für nett befunden. Die Charmeoffensive zeigte Wirkung, denn als die Gestaltung des Außenbereichs anstand, waren die Nachbarn sehr kooperativ. Der Plan, die gemeinsame Grundstücksgrenze mit einer Koniferenhecke zu bepflanzen, wurde anstandslos abgesegnet.

Zuvor musste aber erst einmal der Verlauf dieser Grenze geklärt werden. Da keine Grenzsteine vorhanden waren, war ihre Lage nicht mehr eindeutig feststellbar, und so orientierten sich die Mayers an den alten Zaunpfählen. Federführend war natürlich der Nachbar, er musste es ja am besten wissen. Im Ort, so versicherte er den Mayers, sei es nicht außergewöhnlich, wenn die Grenzsteine wanderten.

Das gemeinsame Pflanzen der Hecke war nach zwei Wochenenden Arbeitseinsatz so gut wie abgeschlossen, die Kosten wurden brüderlich geteilt. Alle waren zufrieden. Doch das Glück währte nicht lang. Schon bald sollte sich am grünen Grenzstreifen ein übler Streit entzünden.

Stein des Anstoßes war das Freiheitsstreben der beiden kleinen Hunde der Mayers. Statt die frisch gepflanzte Hecke als Grenze zu akzeptierten, schlüpften sie häufig hindurch und statteten den Nachbarn einen Besuch ab. Das gefiel diesen nicht so richtig, und wenn sie die Störenfriede bemerkten, jagten sie sie mit lautem Geschrei wieder zurück.

Den Mayers war die Sache sehr unangenehm, aber was sollten sie machen? Ihre Hunde nicht mehr herauslassen? In den nächsten Wochen versuchten sie, die Vierbeiner von der Hecke fernzuhalten, leider ohne Erfolg. Sie an der Terrasse anzubinden, schien die einzige Lösung zu sein, missfiel den Tieren aber so sehr, dass sie sich an der Leine fast strangulierten und ihren Protest mit ununterbrochenem Gebell kundtaten.

Ständig die Hunde in Schach zu halten, nervte gewaltig und stellte das gute Verhältnis zu den Nachbarn auf eine harte Probe. Abhilfe war zwingend notwendig – ein kleiner Zaun musste her. Herr Mayer besorgte sich alles Nötige vom Baumarkt, und binnen Kurzem war die Koniferenhecke in Kniehöhe unpassierbar. Endlich kehrte wieder etwas Ruhe ein; man grüßte sich freundlich über die Hecke und bemühte sich um Annäherung.

Dass die Harmonie ein jähes Ende fand, war dem Eingreifen Dritter zuzuschreiben: In den Keller der Nachbarn wurde eingebrochen. Familie Mayer hätte das nicht weiter gekümmert – wenn nicht ein paar Tage später ein ausgewachsener Husky durch ihren Garten marschiert wäre. Die Nachbarn hatten sich einen Wachhund zugelegt! Mit seinen langen Stelzen konnte er mühelos den Grenzzaun überwinden. Nun war es also umgekehrt: Die Mayers bekamen plötzlich unerwünschten Besuch.

Solange ihre eigenen Hunde nicht draußen waren, blieb die Stippvisite des Huskys folgenlos, aber wehe, sie liefen auf dem Grundstück frei herum. Dann begann ein furchtbares Gekläffe, denn die Kleinen verteidigten ihr Territorium mit aller Macht. Sie hatten ein großes Kämpferherz und gingen mutig auf den Eindringling los. Häufig zog der Nachbarshund den Schwanz ein und verschwand wieder durch die Hecke. Es kam aber auch vor, dass er den Angriff abwehrte, einen der kleinen Hunde zwischen die Beine klemmte und zubeißen wollte, woraufhin die Mayers mit erhobener Hand und lautem Geschrei dazwischengehen mussten.

Als die Nachbarn das mitbekamen, versuchten sie das Problem mithilfe eines Hundezwingers zu lösen. Ihren Husky ließen sie nur noch unter Beobachtung frei herumlaufen. Dass er die Hunde der Mayers womöglich ernsthaft verletzte, wollten sie natürlich vermeiden. So langsam normalisierte sich das Nachbarschaftsverhältnis wieder. Die Grenzüberschreitungen wurden seltener, man grüßte sich höflich und war froh, auch diese Klippe gut umschifft zu haben.

Eines Tages nun tauchte ein Vermessungsbüro auf, das von den Nachbarn beauftragt worden war. Wie die Mayers erfuhren, wollten die Nachbarn an der gemeinsamen Grundstücksgrenze ein Gebäude zur Erweiterung ihres Gewerbes errichten. Das gefiel den Mayers überhaupt nicht, aber solange der vorgeschriebene Abstand und die Höhe eingehalten wurden, konnten sie nichts dagegen machen. Sie trösteten sich damit, dass bis zur Genehmigung des Bauantrags ohnehin noch einige Zeit vergehen würde. Außerdem handelte es sich um Gartenland, da konnte durchaus eine Ablehnung des Antrags erfolgen. Beruhigend war auch die Tatsache, dass die Hecke ja wuchs und das neue Gebäude irgendwann verdecken würde.

Ungefähr vier Wochen später bekamen die Mayers ein Schreiben vom Vermessungsbüro, in dem ihnen mitgeteilt wurde, dass die gemeinsame Grundstücksgrenze korrigiert werden müsse. Ein siebzehn Meter langer und ein Meter breiter Streifen, so hieß es, sei dem Nachbarn abzugeben. Die gemeinsam gepflanzte Hecke stand folglich auf fremdem Land. Herr Mayer war bedient. Schon wieder ein Problem mit den Nachbarn! Kehrte denn nie Ruhe ein? Er beschloss, erst einmal abzuwarten, bis ihr Nachbar persönlich auf sie zukommen würde. Was dann auch bald geschah.

Mit einem festgezurrten Lösungspaket stand er eines Nachmittags vor der Tür und bekräftigte seine Absichten. Er bestand darauf, dass die Grenze korrigiert werden müsse und die Hecke in diesem Bereich umzupflanzen sei. Da er dort bauen wolle, könne er auf keinen Fall Land verschenken. Das Angebot der Mayers, die paar Quadratmeter gut zu bezahlen, weit über den ortsüblichen Preis, und das Stückchen notariell überschreiben zu lassen, lehnte er vehement ab, da war nicht mit ihm zu reden.

Dass damit ihr Grundstück minimal kleiner werden würde, konnten die Mayers verkraften, aber die im Wachstum befindliche Hecke umzusetzen, bereitete ihnen starke Kopfschmerzen. Sie baten ihren Nachbarn, die Angelegenheit nochmals zu überdenken, und wiesen auf die Möglichkeit hin, dass die Koniferen eingehen könnten, wenn man sie jetzt ausgrub. Doch der Nachbar blieb stur.

Fortan herrschte absolute Funkstille zwischen den Familien. Mayers interpretierten das Schweigen als ein gutes Zeichen; es keimte etwas Hoffnung auf. Vielleicht hatte der Nachbar seine Pläne doch noch verworfen … Aber nach etwa drei Wochen klingelte es an ihrer Haustür und der Nachbar verkündete, dass er am nächsten Wochenende gern die Hecke umsetzen würde. Er ging fest davon aus, dass die Mayers mitmachen würden. Nun war der *worst case* eingetreten! Herr Mayer regte sich furchtbar auf, hatte aber keine Chance, die Situation abzuwenden. Und so wurde ein paar Tage später die Hecke gemeinsam ausgegraben und neu eingepflanzt. Anschließend musste Herr Mayer natürlich auch das Hundezäunchen versetzen.

Die Folgen dieser Aktion wurden sehr bald sichtbar: Die Pflanzen mickerten und konnte nur durch sehr aufwendige Pflege vor dem Eingehen bewahrt werden. Nicht mehr zu retten war dagegen die einst freundschaftliche Beziehung zum Nachbarn. Es herrschte eine frostige Stimmung.

Für Genugtuung sorgte zumindest die Nachricht, dass der Bauantrag der Nachbarn abgelehnt worden war. Sollten Mayers doch recht gehabt haben, als sie der Umwandlung des Gartenlandes in Bauland kaum Chancen eingeräumt hatten? Jedenfalls hatten die Behörden keine Baugenehmigung erteilt.

Der Nachbar und seine Frau grüßten mittlerweile überhaupt nicht mehr; man ignorierte sich. Es war nicht ausgeschlossen, dass den Mayers eine gewisse Mitschuld an der Ablehnung des Antrags gegeben wurde, obwohl die mit dieser Entscheidung überhaupt nichts zu tun gehabt hatten. Um nicht noch mehr Öl ins Feuer zu gießen bemühten sich Mayers daher, ihre Schadenfreude zu verbergen und das Thema in der Öffentlichkeit nicht anzusprechen. Wie sich bald herausstellte, ging ihre Rücksichtnahme aber nicht weit genug. Das nachbarschaftliche Zusammenleben erwies sich als reinstes Minenfeld.

Das Grundstück der Nachbarn zog sich größtenteils entlang der Hauptstraße, was zur Folge hatte, dass dort häufig fremde Fahrzeuge abgestellt wurden. Das störte den Nachbarn schon lange. Seine drei Einfahrten wurden zwar stets freigehalten, dennoch fühlte er sich zugeparkt. Von nun an steckte er all seine Energie in die Verteidigung der Frontseite. Obwohl sein Grundstück genügend Platz bot, ging er plötzlich dazu über, seine Autos – ebenfalls drei an der Zahl – außerhalb zu parken, um den Straßenrand zu blockieren.

Familie Mayer beobachtete sein Treiben kopfschüttelnd. Vor allem Olli, der Schwiegersohn in spe, hielt das Markierverhalten des Nachbarn für übertrieben. Berufsbedingt fuhr er ein Baufahrzeug, und wenn er in Zeitnot war oder im nahe gelegenen Gewerbegebiet keinen Parkplatz fand, stellte auch er ab und zu seinen Laster am hinteren Bereich des Nachbargrundstücks ab. Damit geriet er jedoch unweigerlich ins Visier.

Eines Morgens, das Baufahrzeug hatte er mal wieder am Zaunende des Nachbargrundstücks abgestellt, blieb Olli auf dem Weg zur Baustelle kurz vor der Autobahnauffahrt liegen. Der Dieselmotor wollte einfach nicht mehr anspringen. Selbst nachdem Olli alles mehrmals überprüft hatte, konnte er die Ursache für die Panne nicht finden. Er musste seine Firma anrufen und um Hilfe bitten.

Der defekte Lastkraftwagen wurde daraufhin in die Werkstatt abgeschleppt. Dort stellte man fest, dass sich reichlich Wasser im Dieseltank befand. Wie zum Teufel kam denn Wasser in den Tank?, zermarterte sich Olli den Kopf. Der Tankdeckel war nicht abschließbar, aber so einen üblen Streich traute er nicht einmal dem Nachbarn zu. Oder sollte der etwa doch seine Hand im Spiel gehabt haben?

Beweisen konnte man ihm die Untat ohnehin nicht. In den folgenden Tagen verhielt er sich allerdings sehr komisch und bestärkte damit die Vermutung der Mayers: Sie lebten neben einem gemeingefährlichen Zeitgenossen.

Im Nachhinein konnte man sagen, dass Familie Mayer trotz allem relativ glimpflich davongekommen war, denn noch im selben Jahr brannte ein Kleinbus, der regelmäßig vor dem Grundstück des Nachbarn geparkt hatte, völlig aus. Wer wollte da noch an einen Zufall glauben? Erleichtert feierten Mayers den Tag, an dem ihre Koniferenhecke endlich zwei Meter hoch war und sie vor dem Nachbarn abschirmte. Niemals hätten sie gedacht, dass sie nach dem Mauerfall wieder eine Grenzbefestigung schätzen lernen würden.

20. Das Parkhaus

Das Fitnesscenter kannst du dir sparen,
musst nur mit dem Auto ins Parkhaus fahren.

Eines Tages fuhr Nico zum Fitnesstraining und konnte einfach keinen freien Parkplatz in unmittelbarer Nähe des Studios finden. Da erinnerte er sich an die Worte seiner Freundin Petra: „Warum benutzt du eigentlich nicht das große Parkhaus gleich nebenan? Das ist doch viel bequemer, und ich glaube, es kostet auch keine Gebühren.“ Also steuerte Nico auf den Eingang des Parkhauses zu.

Vor der Schranke, die ihm die Zufahrt verwehrte, hielt er an. Damit sie sich öffnete, war erst einmal ein Parkschein zu ziehen. Nico ließ das Fenster herunter und angelte so lange mit seinem Arm, bis er den Knopf oberhalb des Schlitzes betätigen konnte. Sofort schnellte ein Schein heraus, und Nico musste reaktionsschnell zufassen, damit er nicht runterfiel. Danach öffnete sich die Schranke wie von Geisterhand und er konnte ins Parkhaus fahren.

In der unteren Etage, die so gut wie leer war, wurde auf großen Schildern darauf hingewiesen, dass hier bevorzugt Frauen und Behinderte parken durften. Also fuhr Nico weiter in die zweite Etage. Nachdem er sein Auto abgestellt hatte, legte er den Parkschein auf die Ablage über dem Handschuhfach und holte seine Sporttasche aus dem Kofferraum. Dann schloss er das Auto ab und ging zum Training.

Als er nach gut zwei Stunden frisch geduscht aus dem Fitnessstudio kam, eilte er sofort ins Parkhaus, wo sein Auto trocken und wohlbehalten auf ihn wartete. Warum habe ich das nicht schon vorher probiert?, dachte er. Man sollte wohl öfter mal auf die Freundin hören … Zufrieden verstaute er seine Tasche und fuhr Richtung Ausgang. Vor der verschlossenen Schranke hielt er an, ließ das Fenster herunter und steckte den Parkschein in den vorgesehenen Schlitz. Zu seiner Verwunderung blieb die Schranke aber unten. Er versuchte es noch einmal, indem er die Karte andersherum hineinschob. Doch die Schranke rührte sich einfach nicht.

Bei näherem Hinsehen stellte sich heraus, dass auf dem kleinen Display etwas angezeigt wurde. Jetzt musste Nico aussteigen, denn seine Brille steckte in der Sporttasche im Kofferraum. Mit geschärftem Blick kehrte er zurück und las, dass die gebührenfreie Parkzeit leicht überschritten worden war und er 20 Cent nachzahlen sollte. Leise fluchend lief er zum Automaten, bezahlte, rannte zurück und setzte sich wieder hinter das Steuer. Inzwischen standen schon zwei Autos hinter ihm und protestierten hupend gegen die Blockade der Ausfahrt. Schnell schob Nico den Parkschein in den Schlitz und die Schranke öffnete sich, sodass er das Parkhaus nun endlich verlassen konnte, bevor richtig Hektik aufkam.

Der kleine Zwischenfall hinderte Nico nicht daran, das Parkhaus in Zukunft zu meiden. Im Gegenteil: Von nun an nutzte er es mehrmals wöchentlich. Wer mit sportlichen Aktivitäten vertraut ist, wird bestätigen können, dass man entweder nach kurzer Zeit das Handtuch wirft, oder aber süchtig wird. Bei Nico traf Letzteres zu; er ging nun dreimal pro Woche zum Training. Um nicht ständig die Schranke zu versperren, hatte er sich sogar eine Strategie zurechtgelegt: Er nahm den Parkschein mit zum Fitnesscenter, um später gleich am Automaten kontrollieren zu können, ob er nachzahlen musste. Dann erst stieg er ins Auto und fuhr zum Ausgang. Das funktionierte hervorragend – bis er eines Dienstagabends seinen Parkschein nicht finden konnte.

Nico hatte ein anstrengendes Training absolviert. Nüchtern betrachtet war er eigentlich immer auf derselben Stelle geblieben, doch Laufband, Speedbike und Ski-Ergometer hatten ihm viel abverlangt; er wollte nur noch nach Hause auf die Couch. Vor dem Automaten durchsuchte er fieberhaft seine Jacken- und Hosentaschen, aber der Parkschein war wie vom Erdboden verschluckt. Ratlos blickte er sich um. Dann keimte etwas Hoffnung auf. Vielleicht hatte er ja den Parkschein ausnahmsweise im Auto liegen gelassen …

Er mobilisierte seine letzten Kräfte, rannte in die zweite Etage des Parkhauses, öffnete sein Auto und durchforstete jeden Winkel. Aber der Schein blieb verschwunden. Verärgerte kippte er den gesamten Inhalt seiner Sporttasche in den Kofferraum und sortierte alles wieder ein. Der Schein war weg. Er musste ihn unterwegs verloren haben.

Nun war guter Rat teuer. Wie sollte er denn jetzt das Auto aus dem Parkhaus herausbekommen? Nico dachte scharf nach, dann kam ihm eine Idee: Wenn er sich einen neuen Parkschein holen würde, ließe sich die Schranke vielleicht damit aktivieren. Also lief er zurück und drückte den Knopf an der Einfahrt. Leider passierte überhaupt nichts, kein neuer Parkschein kam zum Vorschein, und auch die Schranke blieb unten. Offensichtlich funktionierte die Sache ohne Auto nicht. Aber er konnte ja schlecht die Lichtschranken abkleben. Oder sollte er auf jemanden warten, der das Parkhaus verlassen wollte, und einfach hinterherfahren? Ob die Zeit dafür ausreichen würde? Womöglich landete die Schranke auf seiner Motorhaube und das Auto wäre demoliert, nein, das wollte er auf keinen Fall riskieren.

Langsam wurde Nico nun doch unruhig. Er schaute sich Hilfe suchend um, aber weit und breit war niemand zu sehen. Da entdeckte er an der Wand ein Telefon für Notfälle.

Sofort spurtete er hin. Die angegebene Rufnummer der Hausverwaltung war sogar noch lesbar.

„Kann ich Ihnen helfen?“, meldete sich eine Stimme nach dem dritten Rufton.

„Ja, ich hoffe doch“, antwortete Nico und erklärte dem Mann am anderen Ende sein Problem. Der schob ihn erst einmal in die Warteschleife, um ihm anschließend mitzuteilen, dass er einen Monteur vorbeischicken werde.

„Sie müssen sich aber noch etwas gedulden.“

„Wenn es nicht anders geht“, seufzte Nico, „dann warte ich eben. Recht schönen Dank!“ Er legte auf und schaute auf seine Uhr. Eigentlich hätte er schon seit einer Stunde auf dem Sofa liegen müssen. Das konnte ja noch heiter werden.

In Anbetracht der bevorstehenden Wartezeit meldete sich nun sein Magen. Hatte er nicht noch seinen Frühstücksapfel im Aktenkoffer? Müde trottete er zurück in die zweite Etage. Die langen Laufwege machten eine Mitgliedschaft im Fitnessstudio ja fast überflüssig. Als er am Auto seine Aktentasche öffnete, traute er seinen Augen nicht: Neben dem Apfel lag der Parkschein!

„Wie kommt der denn hier rein?“, murmelte Nico verwundert. Es gab nur eine Erklärung: Der Schein musste irgendwie hineingefallen sein, als er sein Portemonnaie herausgeholt hatte. Erleichtert eilte er zum Automaten, um die nötige Nachzahlung zu tätigen, und passierte mit seinem Auto die Schranke. Mit reichlicher Verspätung traf er zu Hause ein und warf sich auf seine geliebte Couch.

Nachdem er eine Woche pausiert hatte, fuhr Nico erneut ins Parkhaus. Diesmal wollte er alles richtig machen. Den Parkschein steckte er gleich ins Portemonnaie, das wiederum in die Jackentasche, deren Reißverschluss er sicherheitshalber vollständig zuzog. So konnte der Schein auf keinen Fall entweichen.

Eine Trainingsstunde und zwei Saunadurchgänge später verließ er das Fitnessstudio und steuerte im Parkhaus direkt den Geldautomaten an. Er schob den Parkschein in den Schlitz, woraufhin 1 Euro und 45 Cent angezeigt wurden, kratzte sein letztes Kleingeld zusammen, steckte alle Münzen in den Geldschlitz, und schwups!, schnellte der Parkschein heraus. Anschließend lief er in die zweite Etage zu seinem Auto, warf die Sporttasche in den Kofferraum und fuhr los.

Vor der Schranke hielt Nico wie gewohnt an, um seinen Parkschein im Schlitz verschwinden zu lassen. Doch irgendetwas stimmte da nicht. Die Schranke war offen, und zwar rechtwinklig geknickt, sodass alle Autos bequem darunter hindurchfahren konnten. Da hatte er den Automaten wohl umsonst mit seinem Geld gefüttert. Die Anlage musste kurz nach seiner Ankunft den Geist aufgegeben haben.

„Dieses Parkhaus bringt mir einfach kein Glück“, stöhnte Nico. „Vielleicht sollte ich in Zukunft mit dem Fahrrad kommen.“

21. Die vertauschten Stiefel

Sind die Schuh' plötzlich zu klein,
so können's nicht die eig'nen sein.

Die Krankenschwestern der Station 7 hatten – wie jedes Jahr – für ihre Weihnachtsfeier bei einem tollen Italiener reserviert. Zuerst war eine Runde Bowling geplant, danach stand der Restaurantbesuch auf dem Programm. Alle waren schon sehr aufgeregt und freuten sich auf den Feierabend. Wie immer mussten einige Schwestern den Betrieb am Laufen halten und konnten daher nicht mitfeiern, aber man wechselte sich jährlich ab, sodass jede einmal in den Genuss kam, dabei zu sein.

Nach der Arbeit eilten alle nach Hause, um sich für den Abend schick zu machen. Ja, wenn Frauen gemeinsam ausgehen, wollen sie auch was erleben. Und so dauerte es auch doppelt so lange wie sonst, bis alle entsprechend gestylt waren.

Im Bowlingcenter mussten die Frauen dann allerdings ihre feinen Schuhe ausziehen und in einen großen Wäschekorb werfen, denn die polierten Bahnen durften nur mit speziellen Bowlingschuhen betreten werden. Nachdem alle ihre Schuhgröße angegeben und die passenden Sportschuhe erhalten hatten, konnte es endlich losgehen.

Gebucht waren zwei Bahnen für zwei Stunden. Mit jeder Runde stieg die Stimmung, und natürlich ging auch der ein oder andere Drink über den Tresen. Auf den Bahnen war richtig was los. Von Zeit zu Zeit leuchtete bei manchen der vorderste Pin rot auf, was bedeutete, dass eine Runde Schnaps ausgegeben wurde, wenn jemand alle zehn Kegel mit einem Wurf abräumte. Leider war den Krankenschwestern nur einmal das Glück hold: Dem Team auf der rechten Bahn gelang ein Strike, woraufhin die Schnäpschen mit den Kolleginnen auf der benachbarten Bahn geteilt wurden.

Die Zeit flog dahin. Als die Gruppe der rechten Bahn ihr Spiel beendet hatte, beschloss sie, bereits zum Italiener vorzugehen, um die Plätze zu sichern. Kichernd wühlten sich die Damen durch den großen Wäschekorb, bis jede ein Paar Schuhe herausgefischt hatte, dann machten sie sich auf den Weg.

Die zweite Gruppe schöpfte indes die zwei Stunden voll aus. Anschließend begab auch sie sich zum Wäschekorb und durchstöberte das Sortiment. Glücklicherweise ging alles auf; kein Paar blieb übrig, und es musste auch niemand barfuß auf die Straße.

Das italienische Restaurant lag zehn Minuten vom Bowlingcenter entfernt. Unterwegs gingen die Krankenschwestern schon mal die Speisekarte durch und tauschten Geschmackserfahrungen aus. Nur Marion war seltsam still. Ihre Stiefel fühlten sich plötzlich so eng an, jeder Schritt schmerzte. Unsicher sah sie an sich herunter, konnte aber nichts Ungewöhnliches feststellen. Dunkelbraunes Leder, eine blanke Schnalle und halbhohe Absätze – es waren eindeutig ihre Stiefel, nur dass sie sowohl vorn als auch hinten drückten. Frustriert schleppte sich Marion zum Restaurant und war froh, als sie endlich an der festlich gedeckten Tafel Platz nehmen konnte. Sobald sie sich niedergelassen hatte, zog sie unter dem Tisch die Stiefel aus. Sollten die anderen doch denken, was sie wollten. Es war eine wahre Wohltat, die Füße von den Schmerzen zu befreien.

Nun wurde erst einmal mit einem Glas Sekt angestoßen. Dann blätterten alle unschlüssig in den Speisekarten. Die Auswahl war – wie immer – sehr groß; da galt es weise zu entscheiden. Irgendwann hatten alle Schwestern etwas ausgesucht, und während sie auf ihre Bestellung warteten, ließen sie den bisherigen Abend Revue passieren.

„Sport soll ja beim Abnehmen helfen“, sagte Petra unvermittelt, „aber dass einem auch die Füße einlaufen, wusste ich nicht.“ Sie blickte in die fragenden Gesichter ihrer Kolleginnen und fuhr fort: „Ich weiß nicht, seit wir beim Bowling waren, schlackern meine Stiefel.“

Da horchte Marion auf und rief über den Tisch, bei ihr sei es genau umgekehrt, ihre erschienen ihr viel zu eng. „Kann ich deine mal sehen?“

Beide standen auf, besahen sich die Stiefel – und mussten feststellen, dass sie die gleichen Modelle trugen. Nur eine winzige Zahl auf der Schuhsohle verriet, dass sich Petra im Wäschekorb vergriffen hatte.

22. Der Sonnenschirm

Trägst du den Schirm wie eine Flinte,
sitzt du schnell mal in der Tinte,
und mit viel Groll
durchsucht dich der Zoll.

„I bin reif, reif, reif, reif für die Insel“, sang Peter Cornelius Anfang der Achtzigerjahre und spricht damit noch heute jedem Arbeitnehmer aus der Seele. Auch Herr und Frau Ritter verspürten das dringende Bedürfnis, dem Alltagsstress zu entfliehen und mal auszuspannen. Die drittgrößte Insel der Balearen schien ihnen genau das richtige Ziel zu sein, und so landeten sie einige Tage später auf Ibiza, circa sieben Kilometer von der Inselhauptstadt entfernt, wo sie auch ein Hotel gebucht hatten.

Die Ritters freuten sich auf die malerische Landschaft, die traumhaften Strände und das tolle Nachtleben, obwohl sie es eigentlich etwas ruhiger mochten. Im Reiseprospekt hatten sie gelesen, dass Ibiza auch die ‚weiße Insel voller Lebensfreude‘ genannt wird. Das klang doch vielversprechend! Kleine Buchten zum Entspannen und Baden, idyllische Fischerdörfer, leckere Fischgerichte und exzellenter Wein – Herr und Frau Ritter wähnten sich im Paradies.

Um so oft wie möglich in den Norden der Insel zu gelangen, wo neben felsigen Steilküsten abgeschiedene Sandstrände warteten, besorgten sich Ritters einen Leihwagen. Tagsüber erkundeten sie die Küsten, am Abend schlenderten sie durch die Altstadt Ibizas und genossen die südländische Atmosphäre. Sie sahen sich die Kathedrale aus dem 14. Jahrhundert und die historische Festungsmauer an und kehrten anschließend in eine Taverne zu Rotwein und Tapas ein.

In einer der Buchten lernten sie eines Vormittags zufälligerweise ein deutsches Ehepaar kennen, das seinen letzten Urlaubstag auf der Insel genoss. Alle vier verstanden sich auf Anhieb, und so verlebten sie gemeinsam einen herrlichen Tag am Meer. Als Herr und Frau Müller schließlich aufbrachen, um die Koffer für die Rückreise zu packen, musste über das Schicksal ihres Sonnenschirms entschieden werden. Er wies keine Schäden auf, aber mit nach Hause nehmen wollten Müllers ihn nicht mehr. Kurzerhand boten sie den Ritters das farbenfrohe Modell zur weiteren Nutzung an. Diese nahmen das Geschenk dankend an; immerhin hatten sie ja noch einige heiße Tage auf der Insel vor sich.

Herr und Frau Ritter nahmen nun jeden Tag den geerbten Sonnenschirm mit an den Strand. Vor allem in der Mittagshitze leistete er ihnen gute Dienste. Zwar musste er dem Lauf der Sonne entsprechend ständig umgesetzt werden, aber das übernahm Herr Ritter gern. Er brauchte immer etwas Bewegung; seine Frau dagegen konnte stundenlang auf einer Stelle liegen. Wie sich herausstellte, hatte der Schirm zudem mehrere Vorzüge: Er spendete nicht nur großzügig Schatten, sondern benötigte auch keinen Ständer. Seine Spitze konnte man problemlos in den Sand rammen, und dann stand er wie eine Eins. Außerdem gab es noch eine dazugehörige grüne Tasche, die höchstwahrscheinlich einmal für den Transport einer Angel bestimmt war, mit der der Schirm aber bequem über der Schulter getragen werden konnte. So viel war klar: Ehepaar Ritter würde den Schirm nicht mehr hergeben; im heimischen Garten wollten sie ihn weiter benutzen.

Die Gepäckabfertigung am Flughafen verlief problemlos. Ritters checkten ein und bekamen ihre Bordkarten. Den Schirm sollten sie als Handgepäck mit in den Flieger nehmen. Herr Ritter hatte sich die Tragetasche lässig über die Schulter geworfen und erfreute sich an den verwunderten Blicken der Mitreisenden. Wenn Neugier leuchten würde …, dachte er.

Vor dem Eingang in den Transitraum wurden Ritters – so

wie alle Fluggäste – vom Sicherheitsdienst kontrolliert. Auf die Frage des Beamten, was er in seiner Tasche habe, antwortete Herr Ritter lakonisch: „Ein Gewehr." Sofort herrschte Alarmstufe 1! Man riss ihm die Tasche von der Schulter, weitere Männer kamen hinzu, bugsierten ihn in einen separaten Raum und filzten ihn von oben bis unten.

„Das war doch nur ein Spaß!", stammelte Herr Ritter verstört, aber derartige Scherze verstanden die Beamten offensichtlich gar nicht; die Sache war völlig nach hinten losgegangen. Er musste sich bis auf die Unterwäsche ausziehen, dann wurde noch einmal alles untersucht. Am liebsten wäre er im Erdboden versunken.

Da bei Herrn Ritter alles in Ordnung war, beruhigten sich die Beamten langsam wieder, schauten aber nach wie vor sehr finster drein. In der Zwischenzeit war auch seine Frau in die Mangel genommen worden. Sie war völlig aufgelöst und total sauer auf ihren Mann. Während eine Beamtin ihre Sachen kontrollierte, warf sie ihm böse Blicke zu. Das würde sicher noch ein Nachspiel haben … Am liebsten wäre Herr Ritter abgehauen und hätte den Schirm und seine Frau einfach zurückgelassen, aber wo sollte er hin?

Nachdem sich die Wogen geglättet hatten, wurde Herr Ritter aufgefordert, seinen Schirm in den Flieger mitzunehmen. Eigentlich wollte er ihn gar nicht mehr anfassen und einfach stehen lassen, aber weitere Diskussionen wären nicht ratsam gewesen. Er hatte ja genug Aufmerksamkeit erregt. Die Leute vor und hinter ihm tuschelten natürlich über ihn, und als er im Flugzeug seinen Platz suchte, hatte er das Gefühl, von allen beobachtet zu werden, besonders, als er den Schirm im Gepäckfach verstaute. Dieser Vorfall, befürchtete er, würde zu Recht als dämlichste Aktion seines Lebens in die Familiengeschichte eingehen.

Tatsächlich wird die Geschichte noch heute gern zum Besten gegeben – und zwar immer dann, wenn die Ritters im Garten den Sonnenschirm aufstellen.

23. Zwischenlandung in Paris

Nach Seoul ist's weit,
drum nutz die Zeit.
Zu sehen gibt's viel
und der Weg ist das Ziel.

Eine Geschichte über dreizehn Arbeitskollegen aus dem Osten, die nach der Wende gemeinsam eine Dienstreise antraten, scheint auf den ersten Blick nicht besonders erzählenswert. Aber die Reise ging nach Südkorea, in eine völlig andere Welt. Noch nie waren die Männer so weit weg gewesen. Das versprach ein großes Abenteuer zu werden.

Bei der Reise ging es in erster Linie darum, den neuen Brötchengeber kennenzulernen, seine Arbeitsweise und Firmenphilosophie aufzusaugen, sich mit der Mentalität der asiatischen Geschäftspartner vertraut zu machen. Schließlich waren die Ostdeutschen jetzt in die große Familie der ‚Global Players' aufgenommen worden. Die Kosten übernahm natürlich die Firma; die Reisegruppe musste lediglich pünktlich am Flughafen Tegel erscheinen.

Die ausgewählten Kollegen stammten aus unterschiedlichen Bereichen des Elektrotechnikkonzerns und teilten sich in zwei Gruppen auf: die älteren, erfahrenen Mitarbeiter und die etwas jüngeren, aufstrebenden Mitarbeiter mit den besseren Englischkenntnissen. Die eine wurde ‚*The old men group*' genannt, die andere ‚*The young men group*'. Für den Besuch in Korea war das ein idealer Mix, denn in Asien gelten ältere Gesellschaftsmitglieder als weise; ihnen wird Respekt und Vertrauen entgegengebracht. Begleitet wurden die Ingenieure und Abteilungsleiter von zwei Koreanern, die alles organisiert hatten und die Reisegruppe unterwegs und vor Ort betreuen sollten. Einer von ihnen konnte Deutsch und fungierte als Dolmetscher, ansonsten war Englisch als Verkehrssprache vorgesehen.

Ziel der Dienstreise war zunächst Seoul, die Hauptstadt Südkoreas. Von dort aus waren Abstecher nach Suwon und Pusan geplant, wo zwei große Werke des Konzerns besichtigt werden sollten. Einen Direktflug nach Seoul schien es allerdings nicht zu geben – oder er war zu teuer –, und so ging es erst einmal von Tegel nach Frankfurt am Main und anschließend weiter nach Paris.

Vom Frankfurter Flughafen waren die Dienstreisenden aus Berlin schon mächtig beeindruckt, aber der Flughafen Charles de Gaulle in Paris erschien allen noch viel gewaltiger. Besonders imposant waren die vielen riesigen Rolltreppen, die sternförmig in alle Himmelsrichtungen führten; da sollte sich einer zurechtfinden … Der Flughafen verfügte nicht nur über unzählige Gates und Check-in-Schalter, sondern erschien wie eine riesige Shoppingmall mit nicht enden wollenden Geschäftsstraßen in mehreren Etagen, vielen Restaurants und Menschen, so weit das Auge blickte. Da der Flieger nach Seoul erst in zwei Stunden zum Boarding bereitgestellt werden sollte, nutzten alle die Wartezeit, um den Flughafen zu erkunden, die vielen Geschäfte zu durchstöbern und erste Souvenirs für daheim zu kaufen, etwas zu trinken und eine Kleinigkeit zu essen. Pünktlich – und völlig ermattet – fanden sich dann alle rechtzeitig wieder in der Abflughalle ein; keiner wollte den Flug verpassen.

Als endlich die Durchsage zum Boarding nach Seoul aus den Lautsprechern ertönte, sprangen alle ganz aufgeregt von ihren Plätzen und strömten zum Check-in-Schalter, wo sich schon eine riesige Schlange gebildet hatte. Außer einigen Geschäftsreisenden waren sie die einzigen Europäer, alle anderen waren entweder Koreaner oder Japaner, die wieder nach Hause fliegen wollten.

Mit mehreren Bussen ging es zum Flugzeug, einer riesigen Boeing der koreanischen Airline. Alle wuselten durch die Maschine, versuchten, ihr Handgepäck zu verstauen und sich dann mithilfe der Stewardessen auf ihren Sitzen niederzulassen. Bis jeder seinen Platz gefunden hatte, verging eine Ewigkeit. Der Innenraum hatte aber auch enorme Ausmaße: Rechts und links verliefen Gänge, an den Fenstern gab es jeweils drei Sitzplätze, in der Mitte befanden sich fünfreihige Plätze. In der oberen Etage flog man *first class*, unten lag im vorderen Bereich die Business- und hinten im Flieger die Economyklasse.

Die Flugbegleiter waren erwartungsgemäß aus Korea. Sie trugen elegante, landesübliche Kleidung und ein sehr breites Lächeln. Ihre grazilen Bewegungen, ja die gesamte Körpersprache deutete auf völlige Hingabe für den Fluggast hin, als würden sie den Passagieren jeden Wunsch bedingungslos erfüllen wollen. Und so begannen sie mit ihrem Wohlfühlprogramm, indem sie dampfende, weiße, waschlappenartige Rollen reichten, die man sich ausgerollt auf das Gesicht legen sollte, um zu entspannen und sich anschließend damit die Hände zu reinigen. Danach wurden die Tücher wieder mit einer Kuchengabel eingesammelt und in ein Bastkörbchen entsorgt.

Für die Reisegruppe aus Berlin war das ziemlich gewöhnungsbedürftig, mit einem Lappen bedeckt herumzusitzen, aber wie sie später erfuhr, war das ein traditioneller Brauch der Asiaten vor den Mahlzeiten, und tatsächlich folgte nach der Prozedur die Verköstigung. Das Flugzeug hatte sich noch keinen Millimeter von der Parkposition bewegt, da servierten die Stewardessen bereits Getränke aller Art, von Wasser, Cola, Orangen- und Tomatensaft, über Kaffee, Tee, Wein, Bier, bis hin zu Whisky und Brandy, alles völlig kostenlos. Die ‚*Young men group*' wählte mit Begeisterung Bier und Whisky, die ‚*Old men group*' beschränkte sich vorerst auf Kaffee und Tomatensaft.

Plötzlich erlosch im Flieger das Licht und die Notbeleuchtung flackerte schwach auf, sodass nur noch die markierten Fluchtwege sichtbar waren. Alle schauten sich verwundert um, aber keiner sagte etwas. Kurz darauf ging das Licht wieder an, die Stewardessen setzten ihren Getränkeservice fort und der Lärmpegel stieg wieder. Offenbar traf der Pilot Vorbereitungen für den Start, denn nun war auch ein lautes Brummen zu hören, als wenn alle Aggregate auf einmal angeschmissen würden. Trotzdem passierte aber nichts, der Flieger setzte sich einfach nicht in Bewegung. Viele schauten aus dem Fenster, ob sich draußen etwas tat, aber es war absolut nichts zu sehen. Stattdessen wurden in der Kabine die großen Bildschirme eingeschaltet, und pantomimisch unterstützt von den Flugbegleitern erfolgten die obligatorischen Sicherheitshinweise.

Noch bevor die Demonstration beendet war, verabschiedeten sich die Bildschirme und die Beleuchtung fiel zum zweiten Mal aus, auch die Maschinengeräusche verstummten. Langsam machte sich eine gewisse Unruhe unter den Passagieren breit, sie wurden aber schnell vom stoisch lächelnden Bordpersonal beruhigt. Wenige Minuten später erwachten die Lampen wieder zum Leben. Die Bildschirme leuchteten auf und zeigten Harrison Ford auf der Flucht vor finsteren Gestalten. Irgendetwas stimmte hier nicht, das war inzwischen jedem klar. Der Flieger stand nach wie vor in seiner Parkposition. Gab es keine Starterlaubnis oder lag etwa ein Defekt vor?

Die Reisegruppe aus Berlin wurde immer nervöser. Wenn das so weiterging, würden sie wohl nie den Kontinent verlassen. In der Kabine herrschte mittlerweile eine angespannte Ruhe. Ab und zu waren kurze, unverständliche

Kommandos über den Bordfunk zu hören aber der koreanische Dolmetscher zuckte nur ratlos mit den Schultern.

Das Bordpersonal zeigte sich derweil unbeeindruckt. Als die Aggregate plötzlich wieder ansprangen, begann es, das Essen zu servieren. Natürlich standen nur asiatische Gerichte zur Auswahl, sodass die Gruppe sich erst bei ihren koreanischen Kollegen schlaumachen musste, was man bestellen sollte: *chicken*, *pork* oder *octopus*? Alle Gerichte, so hieß es, seien *very hot*, *sharp* oder *spicy*, was die Dienstreisenden spätestens nach dem Essen eindeutig bestätigen konnten. So etwas waren sie nicht gewohnt; es feuerte dermaßen im Rachen, das sie noch mehr Bier bestellten, um den fürchterlichen Brand zu löschen, was aber auch nicht so richtig half. Das also würde sie in Korea erwarten – vorausgesetzt, die Maschine hob ab.

Unmittelbar nachdem die Stewardessen den Müll und die Reste eingesammelt hatten, fing das Licht im Flieger erneut an zu flackern, die Bildschirme schalteten sich ab und es wurde still. Die Lampen glimmten, dann wurde es stockfinster, nicht einmal die Notbeleuchtung funktionierte mehr. Hier war etwas ganz und gar nicht in Ordnung. Mit der Zeit wurde es ziemlich stickig in der Maschine; anscheinend war auch die Lüftung ausgefallen. Dass plötzlich Monteure in der Kabine auftauchten und aufgeregt hin und her liefen, verunsicherte schließlich auch die Crewmitglieder. Ihre Bemühungen um eine angenehme Reiseatmosphäre waren im Nu zunichtegemacht.

Draußen wurden nun die Gangways herangefahren, und der Kapitän teilte den Fluggästen mit, dass bei dem Flugzeug ein schwerwiegender technischer Defekt aufgetreten sei und alle Passagiere den Flieger wieder verlassen müssten. Jeder sollte ganz in Ruhe sein Handgepäck aufnehmen und die Maschine verlassen, mit Bussen würden sie ins Flughafengebäude gebracht werden. Das aufgegebene Gepäck würde im Flieger verbleiben. Eher erleichtert als verärgert begaben sich alle zum Ausgang. Niemand wollte mit einem beschädigten Flugzeug starten, immerhin wären sie neun Stunden in der Luft gewesen. Was da alles hätte passieren können …

Auf dem Weg zum Flughafengebäude erfuhr die Reisegruppe von ihren koreanischen Begleitern, dass der Flieger mit einem Ersatzteil aus Korea repariert werden sollte. Vor morgen Mittag würde das Flugzeug garantiert nicht abheben. Die Gruppe und alle anderen Passagiere saßen erst einmal in Paris fest.

Mittlerweile war es 19 Uhr und alle waren gespannt, wie es nun weitergehen würde. Mit ihrem Handgepäck warteten sie in der großen Eingangshalle des Flughafens, bis jemand vom Personal ihnen mitteilte, dass sie mit dem Bus in ein Hotel gebracht werden würden. Daraufhin strömten die Gestrandeten nach draußen. Die dreizehn Dienstreisenden versuchten zusammenzubleiben, aber leider kamen nicht alle mit dem ersten Bus weg, sodass fünf von ihnen in den zweiten einsteigen mussten. Der erste Bus fuhr rechts um das Flughafengebäude herum, der andere links, sodass die fünf dachten, ihre Kollegen vorerst nicht wiederzusehen. Bevor Panik aufkommen konnte, war die Fahrt jedoch schon beendet, denn das Hotel – ein Monstrum aus Glas, Stahl und Beton – befand sich direkt auf dem Flughafengelände.

In der geräumigen, luxuriösen Lobby trafen sich dann alle wieder, und die fünf waren heilfroh, zurück zur Gruppe gefunden zu haben. Objektiv betrachtet war ihre Situation ja gar nicht so bedauernswert: Sie waren ausgiebig bewirtet worden und ihre Herberge stellte sich als wahrer Business-Tempel heraus, mit zahlreichen Konferenzräumen, Fitness- und Wellnessangebot, Bars und Restaurants und sogar einem Schwimmbad. Es gab mehr als 300 komfortable Zimmer mit Telefon- und TV-Anschluss, und das Hotel lag nicht allzu weit vom Stadtzentrum entfernt; ein Shuttlebus fuhr regelmäßig bis zur Métro.

Nachdem jeder seinen Zimmerschlüssel in Form einer kleinen Plastikkarte bekommen hatte, begaben sich erst einmal alle in ihre Zimmer, um sich etwas frisch zu machen. Wäsche wechseln konnten sie ja nicht, da die Koffer im Flugzeug verblieben waren. Später traf sich die Reisegruppe an der Bar wieder. Der Abend war noch jung, und so schlug einer der jungen Kollegen vor, die Chance zu nutzen und ins Zentrum von Paris zu fahren, um sich den Eiffelturm und alle anderen Sehenswürdigkeiten anzusehen. Er hatte schon einmal eine Städtereise nach Paris gemacht und schwärmte in den höchsten Tönen. Die Jungen waren auch gleich Feuer und Flamme, die Älteren dagegen wollten lieber im wunderschönen Hotel bleiben, noch ein oder zwei ‚Absacker' trinken, dann ins Bett gehen und sich vor dem langen Flug nach Seoul richtig ausschlafen. Gesagt, getan – einer der Koreaner blieb bei der ‚*Old men group*', denn er musste ohnehin seine Kollegen in Suwon anrufen und die Verspätung der Gruppe ankündigen, der andere begleitete die ‚*Young men group*'.

Mit dem Shuttlebus fuhren die acht Männer bis zur Métro. Dort versperrte ihnen allerdings eine drehbare Schranke den Zugang. Da sie kein Geld für eine Fahrkarte hatten, sprangen sie nach kurzem Zögern einfach darüber. An der Endstation war sowieso kaum ein Mensch zu sehen, der ungewöhnlichen Einstieg blieb unbemerkt. Nun galt es nur noch einige Stationen bis zum Pariser Zentrum hinter sich zu bringen.

Die U-Bahn füllte sich mit jedem Zwischenstopp, bis sie knackevoll war. Im Gang traten sich die verrücktesten Typen auf die Füße, verschiedene Sprachen schwirrten durch den Raum, alles war bunt und laut. Einer drehte irgendwie durch, beschimpfte und bedrohte die Fahrgäste auf Französisch, aber niemand nahm ihn für voll. Ein Dolmetscher wäre jetzt nicht schlecht gewesen, aber solange alle anderen gelassen blieben und keine Prügelei folgte, gab es wohl keinen Grund zur Sorge.

Dann verließ die ‚*Young men group*' die Métro und kehrte aus dem Untergrund wieder auf die Straße zurück. Sie befanden sich in der Nähe der Kathedrale Notre-Dame und beschlossen, genau gegenüber in ein kleines Bistro zu gehen, das ausländische Währungen akzeptierte. Während sie etwas aßen und tranken, konnten sie durch das Fenster den gewaltigen sakralen Kirchenbau bewundern. Nach der Stärkung wandelten sie ein Stück an der Seine entlang, bis sie den Eiffelturm sahen, das Wahrzeichen von Paris. Je näher sie ihm kamen, desto mehr renkten sie sich beim Hochgucken die Hälse aus. Am Fuße des Turms stand eine unheimlich lange Schlange von Menschen, die auf die Aussichtsplattform fahren wollten. So viel Zeit hatten die acht dann doch nicht, sie spazierten lieber weiter durch Paris.

Ob es an den langen Wegen lag oder ob das scharfe asiatische Essen aus dem Flieger seinen Tribut forderte – als sie in der Nähe des Arc de Triomphe kamen, verspürten alle wieder mächtigen Durst. Glücklicherweise entdeckten sie einen kleinen Kiosk, an dem ein ziemliches Gedränge herrschte. Für fünf Deutsche Mark pro Büchse gönnten sie sich Bier und Cola. Das Pariser Pflaster war nicht gerade billig. Danach marschierten sie kreuz und quer durch das Zentrum, der Ortskundige übernahm die Führung, und nach dem berühmten Moulin Rouge, das sie natürlich nur von außen bestaunten, folgte der Louvre. Früher, so erklärte der Kollege, hatten hier die französischen Könige residiert. Inzwischen befand sich im Palast das nationale Kunstmuseum, dessen Haupteingang im Innenhof als gläserne Pyramide aus der Erde ragte.

Das geschlossene Museum rief der Gruppe die Uhrzeit ins Gedächtnis. Es war fast Mitternacht, und so machten sie sich auf zur nächstliegenden Métrostation und fuhren zurück zum Flughafen. Als sie an der Endstation eintrafen, fuhr jedoch kein Shuttlebus mehr und sie mussten zwei Taxis ordern, um wieder ins Hotel zu gelangen.

Dort angekommen wurden sie schon vom zweiten Koreaner empfangen, der ihnen mitteilte, dass vor einer Dreiviertelstunde eine Maschine nach Seoul gestartet sei und einen großen Teil der Passagiere aus dem Hotel bereits mitgenommen habe. Der nächste Flieger sollte voraussichtlich erst um die Nachmittagszeit abheben. Die ‚*Old men group*' schlief bereits und würde wahrscheinlich fit in den neuen Tag starten. Also beeilten sich die anderen, dass sie in ihre Betten kamen.

Nach einem reichhaltigen Frühstück brachte man die Reisegruppe mit dem Bus wieder zum Flughafen. Dort hatte sie noch viel Zeit, bis der Schalter zum Einchecken geöffnet wurde. Während sie warteten, erfuhren sie, dass die defekte Boeing repariert worden war und mit ihrem Gepäck bereits nach Seoul flog. Das war in zweierlei Hinsicht eine gute Nachricht: Zum einen konnten sie im nächsten Hotel endlich wieder auf frische Kleidung hoffen, zum anderen war nun sicher, dass sie mit einem völlig neuen Flugzeug der koreanischen Airline fliegen würden.

Und diesmal funktionierte wirklich alles bestens. Das Licht war durchgängig an, die Fernseher liefen tadellos, die Luft war angenehm, die Boeing hob problemlos ab. Wieder wurden die verschiedensten Getränke serviert und das Essen war nach wie vor wahnsinnig scharf. Draußen dämmerte es langsam, und der Jumbojet überflog gerade die ehemalige Sowjetunion, als die Stewardessen plötzlich alle Bordfenster abdunkelten. Eine Vorsichtsmaßnahme, hieß es auf Nachfrage, um nicht gesehen zu werden. Von ihren beiden koreanischen Begleitern erfuhren die Dienstreisenden von dem Abschuss einer koreanischen Maschine im Jahr 1983 durch eine sowjetische Rakete. Damals waren 269 Passagiere gestorben, darunter auch ein US-Abgeordneter, Lawrence McDonald. Nach dieser Geschichte wurde der Gruppe etwas mulmig in der Magengegend; da musste unbedingt noch ein Runde Whisky und Büchsenbier bestellt werden. Für Ablenkung sorgten auch die im Bordkino gezeigten Spielfilme, bis dann, zu fortgeschrittener Zeit, Nachtruhe angesagt war und die Stewardessen sich diskret zurückzogen.

Im Flugzeug zu nächtigen erwies sich als besondere Herausforderung. Während die Koreaner und Japaner aufgrund ihrer geringen Körpergröße auf den zurückgeklappten Sitzen bequem liegen konnten und allem Anschein nach schnell einschliefen, hatten die Deutschen schon größere Probleme. Aber da mussten sie durch: Schuhe aus, das Kissen in den Nacken geschoben, alle Gliedmaßen zusammengefaltet, Decke darüber, Augen zu – vielleicht ließ sich wenigstens etwas ruhen.

Dank der monotonen Fluggeräusche nickten die meisten dann doch ein wenig ein, wurden aber schon bald durch reichlich Lärm und Bewegung in den einzelnen Flugabteilen geweckt. Mit einem Mal herrschte eine gewisse Aufbruchsstimmung, alles rannte mit Zahnbürste und Zahnpasta bewaffnet zu den Toiletten. Bis nach Seoul musste es nicht mehr weit sein, denn das Flugpersonal begann sogleich damit, das Frühstück zu servieren. Glücklicherweise gab es zwei zur Auswahl: eine koreanische Suppe und ein *American breakfast*. An die scharfe Suppe traute sich keiner der Dienstreisenden heran, wenngleich auch das amerikanische Frühstück mit Würstchen und Spiegelei sehr gewöhnungsbedürftig war. Das Einzige, was halbwegs schmeckte, war der heiße Kaffee.

Nach einer halben Stunde kam die Durchsage des Flugkapitäns, dass die Maschine zum Landeanflug ansetzen würde und die Toiletten nicht mehr benutzt werden dürften. Alle Passagiere mussten sich anschnallen, und nach insgesamt elf Stunden in der Luft landete der Flieger mit der Dienstreisegruppe aus Berlin sicher in Seoul, wo es aufgrund der Zeitverschiebung bereits 9 Uhr morgens war.

Allein die Anreise würde den Kollegen auf ewig im Gedächtnis bleiben. Nun waren sie gespannt, welche Abenteuer in Südkorea warteten. Mit dem Shuttlebus ging es vom Rollfeld zum Flughafengebäude des internationalen Flughafens, denn es existierte noch ein separater Inlandsflughafen. Überall wimmelte es von Soldaten oder Polizisten, die bis an die Zähne bewaffnet waren und mit grimmiger Miene die Ein- und Ausgänge bewachten. An einer gelben Linie mussten die Ankommenden warten, bis sie zur Überschreitung dieser aufgefordert wurden, und wehe, jemand hielt sich nicht daran. Dann wurde derjenige vom

Wachpersonal sehr energisch wieder zurückgedrängt. Geduld war gefragt, denn die Passkontrolle nahm viel Zeit in Anspruch. Die Beamten blätterten die Ausweispapiere bis zur letzten Seite durch, und beim visuellen Vergleich mit dem Foto im Reisepass wurden die Gesichter der Passagiere regelrecht abgescannt. Auf die Frage nach dem Grund der Einreise waren die Deutschen indes vorbereitet, die kurz und bündig mit „Business“ antworteten. Anschließend wurde ein gewaltiger Stempel in den Pass gedrückt und man durfte passieren.

Nach der Passkontrolle ging es weiter zu einer speziellen Gepäckabfertigung des Zolls, denn die Koffer waren ja schon mit dem vorherigen Flieger angekommen. Alle Gepäckstücke der Dienstreisegruppe hatten Aufkleber vom deutschen und vom koreanischen Zoll, waren also geöffnet und gefilzt worden. Da kamen direkt Heimatgefühle auf … Eine flüchtige Durchsicht ergab, dass nichts fehlte; nur ein wenig Unordnung verriet den Eingriff.

Nachdem sich alle sortiert hatten, wurden die ‚*Old men group*‘ und die ‚*Young men group*‘ im Ausgangsbereich von einem Abgesandten der Firma in Empfang genommen, der mit einem Schild auf sich aufmerksam machte. Bevor es weitergehen konnte, verlangten die Raucher unter den Dienstreisenden aber erst einmal eine Zigarettenpause und begaben sich auf die Suche nach einem Bereich, in dem das Rauchen erlaubt war. Dabei stießen sie auf einen großen Glaskasten, in dem viele Menschen dicht gedrängt standen und vor sich hin pafften. Mit seinen vier Glaswänden und der Glasdecke glich er einem überdimensionalen Terrarium, dessen Bewohner vor lauter Qualm nur schemenhaft erkennbar waren. Wenn allerdings die Tür aufging, entwich eine dicke Rauchwolke, die sich schnell in der Halle ausbreitete. Eigentlich hätte man sich nur mitten hineinstellen und inhalieren müssen.

Mit einem Kleinbus wurde die Gruppe schließlich in ihr Hotel gebracht. Leider war auf den Straßen die Rushhour angebrochen; in und um Seoul war alles völlig dicht. Eine sagenhafte Blechlawine wälzte sich durch die Stadt, und obwohl die Schnellstraße dreispurig war, benötigten sie mit zwei Stunden Fahrzeit doppelt so lang wie vorgesehen. Im Hotel angekommen eilten alle so schnell wie möglich auf ihr Zimmer, um sich frisch zu machen und die durchgeschwitzten Klamotten zu wechseln. Bereits am Nachmittag stand der erste Besuch im Großkonzern an; da galt es, einen guten Eindruck zu machen. Aber das ist wieder eine andere Geschichte.

24. Hart an der Grenze zur Wahrheit

Fällt es mit der Wahrheit schwer,
muss ein kleiner Schwindel her.

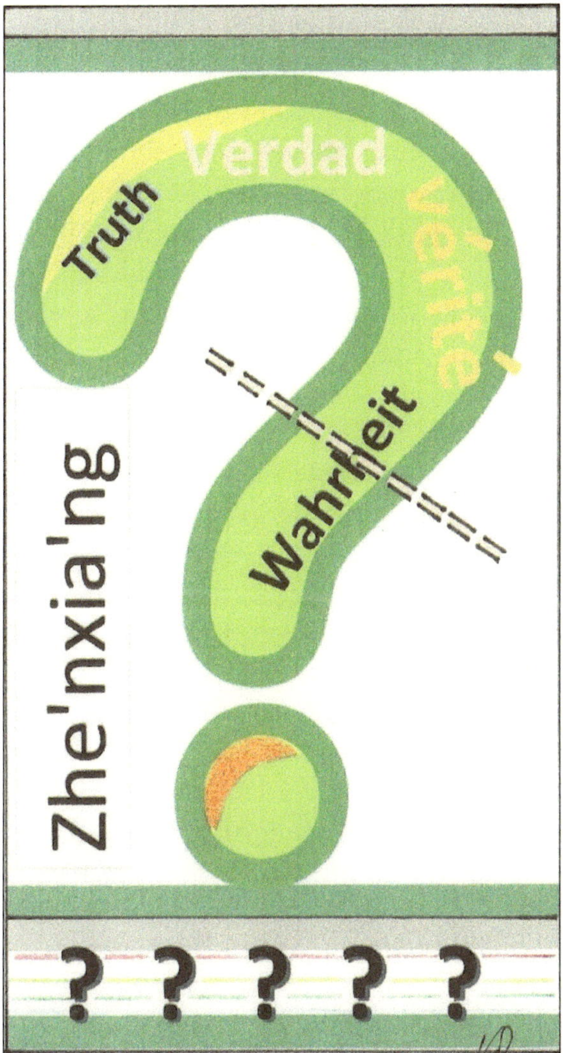

Viele Menschen wissen häufig nicht mehr so genau, wie länger zurückliegende Ereignisse eigentlich verlaufen sind. Da können sich bei der Rekonstruktion schon mal leichte Abweichungen von der Wahrheit einschleichen. In den meisten Fällen sind verfälschte Darstellungen unbeabsichtigt; das Erinnerungsvermögen spielt uns einfach einen Streich, versichert uns, dass etwas nur so und nicht anders gewesen sein muss. Aber es gibt auch die andere Variante, dass nämlich bewusst gelogen wird, um ein bestimmtes Ziel zu erreichen oder die ganze Sache für den Zuhörer interessanter zu gestalten. Eine Geschichte soll schließlich Interesse wecken, da können schon mal leichte Unwahrheiten eingeschleust werden. Wer will das schon kontrollieren?

Natürlich kommt es auch darauf an, wer erzählt und wer zuhört. Wir alle kennen gewisse Situationen, in denen sowohl der Darbietende als auch das Publikum auf eine harte Probe gestellt werden. Ein Beispiel hierfür sind gemütliche Runden mit Verwandten und Bekannten. Meist sind es die Frauen, die das Wort ergreifen, etwa um detailliert über den letzten Urlaub zu berichten. Und dann, im vollen Redefluss, passiert es häufig, dass der werte Gatte dazwischengrätscht, um die Sache aus seiner Sicht darzustellen. Er merkt einfach nicht, dass er gerade dabei ist, seine Frau vor Zeugen zu korrigieren. Nicht dass sie gelogen hätte, nein, es war eben nur ein wenig anders. Oh, das mögen die Frauen absolut nicht! In solchen Momenten würden sie ihren Partner am liebsten auf den Mond schießen, und wenn Blicke töten könnten, würde der Mann auf der Stelle tot umfallen.

Aber wie sollte ‚Mann' auch mitbekommen, dass seine Frau die Geschichten absichtlich ausschmückt? Auch die reine, nüchterne Wahrheit ist gegen Erinnerungsverfälschung nicht gefeit, denn jeder Mensch speichert Erlebtes anders ab. Und plötzlich stehen zwei unterschiedliche Aussagen im Raum.

Was als Hilfe gedacht war, kann also ganz schnell zu Streitigkeiten führen. Wir Männer sind eben in solchen Situationen nicht feinfühlig genug und poltern gern mal dazwischen, schließlich möchten wir auch einmal etwas zu sagen haben und unsere zwanzig Worte pro Tag an die Frau bringen. Leider ist unser Timing immer wieder ungünstig, und ehe ‚Mann' sich's versieht, bekommt er die Höchststrafe auferlegt: eine Standpauke plus eine Woche Schweigen. Letzteres trifft den Mann besonders hart – anwesend und dennoch Luft zu sein. Da helfen alle Wiedergutmachungsversuche nicht, und selbst wer sich keiner Schuld bewusst ist, beginnt zu bereuen.

Ganz kluge Ehemänner haben sich angewöhnt, alles abzunicken und der Frau auf keinen Fall ins Wort zu fallen. Aber dafür muss ‚Mann' lange trainieren und eine gewisse Gelassenheit verinnerlichen. Manche Männer arbeiten ein Leben lang daran und scheitern trotzdem. Vielen, die Dampf ablassen wollen, bleibt da nur der Stammtisch. Es gibt ja auch nur wenige Möglichkeiten, dem Dilemma zu entgehen.

Optionen für die Frauen:

- Am besten immer bei der Wahrheit bleiben! (Hilft aber nur in fünfzig Prozent aller Fälle.)
- Die Geschichten vorher untereinander abstimmen! (Zieht den Ehestreit aber oft nur vor.)
- Lieber denn Mann erzählen lassen! (Wider die Natur.)

Optionen für die Männer:

- Grundsätzlich nicht dazwischenquatschen! (Lieber ein Bier trinken.)
- Einfach nicht hinhören! (Könnte aber weitere Komplikationen nach sich ziehen – Stichwort: Vorwurf des Desinteresses.)
- Gelassen bleiben und das Gesagte akzeptieren! (Nahezu unmöglich.)

Diese Hinweise hätte sich auch das Ehepaar Müller zu Herzen nehmen sollen, als es auf einer Geburtstagsfeier in den Wettbewerb um den beeindruckendsten Urlaubsbericht einstieg. Frau Müller hatte mit ihrem Mann schon die halbe Welt bereist; diesmal waren sie an die Ostsee nach Kühlungsborn gefahren. Sie hatten eine geräumige Ferienwohnung mit Garten und Terrasse gemietet, alles war vom Feinsten gewesen, das schöne Bad, die kleine Einbauküche, das gemütliche Wohnzimmer mit großem Fernseher und das separate Schlafzimmer. Natürlich vergaß Frau Müller nicht, von der tollen Lage des Ferienobjektes zu schwärmen. Am Anfang der über vier Kilometer langen Strandpromenade hatten sie residiert, nicht weit vom schönen Sandstrand.

Alle Gäste hörten aufmerksam zu und waren gespannt, was noch kommen würde, da mischte sich ihr Mann ins Gespräch ein. Er musste unbedingt anmerken, dass der Ferienbungalow eine ehemalige Doppelgarage gewesen war und entsprechend ausgebaut worden war. Frau Müller strafte ihren Mann mit einem bösen Blick und gab kleinlaut zu, dass es zwar so war, aber nicht von Interesse sei. Sie wollte schon ihren Bericht fortsetzen, da hakte ihr Mann nochmals ein, denn nach seinem Empfinden war der Weg bis zum Strand viel länger gewesen, gefühlte 500 Meter. Nun war sie echt sauer, wollte eigentlich nicht mehr weiterreden.

„Wenn du alles besser weißt, dann erzähl doch selbst weiter“, sagte sie schnippisch.

„Nein, nein“, beschwichtigte ihr Mann, „tut mir leid. Ich werde dich nicht mehr unterbrechen. Versprochen!“

Frau Müller musste sich erst einmal sammeln, dann fuhr sie fort und sprach über das durchweg herrliche Wetter, das sie die gesamte Urlaubszeit über gehabt hatten. „Ja, jeden Tag schien von früh bis abends die Sonne“, sagte sie triumphierend. „Leider war die Wassertemperatur wieder mal viel zu kalt, obwohl es schon August war. Da gehe ich nur mit den Füßen ins Wasser, ich will mir doch nicht den Tod holen.“

„Also ich fand das recht angenehm“, meldete sich ihr Mann zu Wort. „Ich war sogar mehrmals baden.“. Stolz schaute er in die Runde, aber seine Gattin hatte sofort alle anderen Frauen auf ihrer Seite; nein, die Ostsee sei einfach viel zu kalt.

Nach der kleinen, nervigen Unterbrechung erzählte Frau Müller weiter: „Wir hatten uns auch einen Strandkorb für mehrere Tage gemietet. Stellt euch vor, pro Tag verlangen sie nun schon 12 Euro!“

Jetzt musste ihr Mann einfach dazwischenfunken und den Preis auf 10 Euro korrigieren, schließlich hatte er höchstpersönlich den Strandkorb bezahlt und den Schlüssel geholt. Mit dieser Bemerkung hätte er allerdings fast die Berichterstattung seiner Frau beendet. Nun wollte sie partout nicht weitererzählen. Erst auf Drängen der Zuhörer fuhr sie etwas stockend fort, immer mit Blickkontakt zu ihrem Mann, um der nächsten Attacke rechtzeitig gewahr zu werden. Ihr Mann signalisierte ihr derweil, fortan zu schweigen, indem er den Zeigefinger auf seine Lippen legte.

Frau Müller schilderte nun ausführlich, wo und wann sie überall eingekehrt waren, wie hervorragend die Fischgerichte geschmeckt hatten und welche preislichen Unterschiede ihnen begegnet waren. Auch einen Ausflug nach Wismar und Rostock hätten sie unternommen, um Verwandte zu besuchen. Eigentlich wollte sie damit ihren Bericht schon abschließen, da ließ sich ihr Mann spontan zu Ergänzungen hinreißen.

„Ja, das Schönste waren die langen Spaziergänge an der Strandpromenade von Kühlungsborn West nach Ost. Da gab es viele kleine Lokale zum Einkehren und Ausruhen, man konnte Bier trinken oder Eis essen oder einfach nur auf sogenannten Rentnerbänken sitzen und den Ausblick auf die See genießen. Am Abend fanden häufig Musikveranstaltungen in den Kurgärten statt und wir haben uns ein Rockkonzert einer Band aus Rostock angesehen, die tolle Musik gemacht hat, einen Querschnitt aus den Siebziger- und Achtzigerjahren. Bier, Wein und Mixgetränke wurden auch ausgeschenkt. Besonders lecker war der ‚Hugo' aus Prosecco, Mangosaft, Eis und Pfefferminzblättern, ein völlig neues Getränk für uns."

Da musste seine Frau einschreiten. „Nein, nein!", rief sie, „der Cocktail war kein ‚Hugo', sondern hieß ‚Hilde'. ‚Hugo' gibt es doch mittlerweile in Flaschen zu kaufen, den haben wir schon öfter getrunken, der ist nicht neu für uns."

„Ach ja", sagte ihr Mann schwach, „hab ich ganz vergessen. Du hast recht."

Dieser Satz verlieh Frau Müller enorme Energie. Mit einem kurzen Seitenblick auf ihren Gatten fuhr sie fort: „Und was ich noch sagen wollte, die Band hätte ja auch deutsche Titel spielen können und nicht nur englische, dann wären wir auch bis zum Schluss geblieben." Sie nahm einen Schluck aus ihrer Kaffeetasse. „Ach, was ich ja noch gar nicht erwähnt habe, ist, dass man eine Woche lang versucht hat, Segel- und Surfwettkämpfe auszutragen. Aber es herrschte absolute Flaute. Sportler aus aller Herren Länder lungerten tagelang an der Strandpromenade herum, am Ende mussten sie unverrichteter Dinge wieder abfahren. Das Gute war aber, dass während dieser Zeit zahlreiche internationale Imbiss- und Getränkestände aufgebaut waren, an denen echte amerikanische Burger, französische Crêpes, dänisches Eis und viele exotische Getränke verkauft wurden."

„Merk dir, was du sagen wolltest", unterbrach sie ihr Mann. Er wollte unbedingt loswerden, dass die Segelregatten doch stattgefunden hatten.

Davon wisse sie nichts, erwiderte Frau Müller verärgert und schnappte nach Luft.

„Doch, doch", sagte ihr Mann ganz hektisch, „die haben ganz weit draußen auf der Ostsee ihren Wettkampf ausgetragen. Das habe ich an zwei Tagen beobachtet, als wir am Jachthafen Kaffee getrunken haben."

Für Frau Müller war der Tag gelaufen. Sie konnte nicht verbergen, dass sie mächtig sauer auf ihren Mann war. Während sie finster vor sich hin brütete, ergriffen die anderen Gäste die Chance und begannen nun ihrerseits, Reiseerlebnisse auszutauschen. So berichteten Frau Schmidt und ihr Mann von ihrem All-inclusive-Urlaub auf Fuerteventura mit First-Class-Hotel, einer super Poollandschaft und einem traumhaften Sandstrand in unmittelbarer Nähe. Ja, sie kamen richtig ins Schwärmen, und alle hörten gespannt zu.

Da mischte sich plötzlich Herr Müller ein: „Auf der Insel soll ja nicht viel los sein, außer dass ständig stürmischer Wind weht, der einem die Frisur durcheinanderwirbelt."

Den Schmidts verschlug es die Sprache, im Gegensatz zu Frau Müller. „Was erzählst du denn hier für einen Unsinn!", fauchte sie ihren Mann an. „Wir waren doch noch gar nicht dort."

„Aber mein Arbeitskollege war schon mal da, und der hat mir nur Schlechtes erzählt", sagte Herr Müller trotzig. „Also Fuerteventura kann man eigentlich vergessen."

Im Wohnzimmer herrschte Totenstille, keiner wusste so recht das Gespräch wieder anzukurbeln. Ganz zaghaft meldete sich schließlich Herr Mayer zu Wort: „Wer weiß, wo dein Arbeitskollege auf der Insel war", versuchte er zu schlichten, „da gibt es bestimmt erhebliche regionale Unterschiede. Und man sollte auch nicht alles glauben, was einem erzählt wird."

25. Der Fahrraddiebstahl

Weil jemand böse Scherze trieb,
wurd' ein Unbescholtener zum Dieb.

Robert kam mit der S-Bahn aus Berlin. Er hatte dort Freunde besucht, mit ihnen gegrillt, einige Bierchen getrunken und über die kommende gemeinsame Radtour gesprochen. Sie waren eine eingeschworene Gemeinschaft, hatten lange Zeit zusammengearbeitet und tourten nun alljährlich für mehrere Tage mit dem Rad durch die Gegend. Diesmal sollte es eine Runde um den Bodensee gehen, da gab es sehr viel zu besprechen; der Zeitraum, die Anreise, die Quartiere, alles musste abgestimmt werden. Die Vorbereitungsphase war ein wichtiger Bestandteil der Aktion: Erst wurde alles akribisch geplant, anschließend folgte eine feuchtfröhliche Auswertung. Der Alkoholkonsum hatte Robert auch dazu veranlasst, sein Fahrrad am S-Bahnhof zu parken. Natürlich hätte ihn auch ein Taxi nach Hause bringen können, aber das kostete zum einen Geld, zum anderen wartete man meist ewig auf ein dienstbereites Fahrzeug.

Als er am Zielbahnhof ausstieg, wartete sein Rad gut verborgen in einer Ecke. Robert war erleichtert. Es baumelte zwar ein Schloss daran, aber seit zwei Wochen konnte er den dazugehörigen Schlüssel nicht mehr finden. Irgendwann, so hoffte er, würde der wieder auftauchen. Bis dahin musste es eben so gehen. Er schnappte sich sein Fahrrad, entschied sich dann aber spontan für einen kleinen Absacker. Durst ist ja schlimmer als Heimweh, wie man allgemein zu sagen pflegt. Also steuerte er den Altstadtkeller an, denn da konnte man auch draußen sitzen; er musste schließlich sein Fahrrad im Auge behalten.

Robert stellte sein Fahrrad an einer Hausmauer im Bereich des Lokals ab und holte sich ein Bier aus dem Keller. Das Rad hatte er von seinem Platz aus nicht im Blick, aber er saß im Eingangsbereich und hätte sehen können, wenn jemand damit davongefahren wäre; er hatte also alles im Griff.

Am Tisch wurde er bald in ein interessantes Gespräch verwickelt. Er blieb länger, als er eigentlich vorgehabt hatte, und allmählich leerte sich der Biergarten. Nach drei Bier wollte er dann aber doch aufbrechen, immerhin lagen noch drei Kilometer Heimweg vor ihm. Gut gelaunt schlenderte er zu seinem Fahrrad – und sah plötzlich doppelt. Hatte er zu viel getrunken? Nein, jemand hatte seinen Drahtesel einfach vor Roberts gestellt. Kein Problem, dachte Robert, und versuchte, das fremde Fahrrad beiseitezuschieben. Zu seinem Entsetzen musste er jedoch feststellen, dass es an seins angeschlossen war.

„Das gibt es doch nicht!“, schimpfte Robert, „welcher Trottel macht denn sowas?“ Er lief zurück zum Biergarten, in der Hoffnung, den Besitzer des Rades zu finden. Aber keiner der restlichen Gäste war mit dem Fahrrad da. Jetzt hatte er ein echtes Problem.

Wie sollte er nun nach Hause kommen? Ein großer Seitenschneider wäre hilfreich gewesen; damit hätte er das Schloss durchkneifen können. In Ermangelung jeglicher Werkzeuge blieben ihm indes nur zwei Möglichkeiten: beide Räder stehen zu lassen oder beide Räder mitzunehmen und das Schloss zu Hause zu entfernen. Das fremde Rad konnte er ja am nächsten Tag wieder zurückbringen.

Es war schon ganz schön verrückt, aber Robert entschied sich für Letzteres – er schob die beiden Fahrräder die drei Kilometer nach Hause. Das Schloss war nur um die Rahmen gewickelt, weshalb er halbwegs gut vorankam. Aber das Lenken erwies sich als äußerst schwierig. Sobald eine Kurve kam, wurde es schon problematisch. Zweimal wäre er beinahe mit den Rädern umgekippt.

Fluchend und schwitzend näherte er sich so Meter um Meter seinem Zuhause. Dabei hoffte er inständig, nicht groß aufzufallen. Nachts zwei angeschlossene Fahrräder durch die Gegend zu zerren, wirkte verdammt kriminell. Wenn er jetzt einer Streife in die Arme liefe, vielleicht noch ins Röhrchen pusten müsste … Aber er hatte Glück, keiner interessierte sich für seinen ominösen Transport, und so kam er schließlich heil zu Hause an. Er ließ beide Räder in der Garage verschwinden und fiel todmüde ins Bett.

Am nächsten Morgen dachte Robert beim Frühstück über die nächtliche Aktion nach. Sollte er das zwangsweise mitgenommene Rad wirklich wieder zurückbringen? Er konnte es auch einfach behalten, es umlackieren oder auseinanderbauen. Ersatzteile brauchte man ja immer. Auf jeden Fall musste er sich das Rad erst einmal bei Tageslicht ansehen und das Schloss knacken.

Wie sich herausstellte, war das fremde Fahrrad ein ziemlich schäbiger Drahtesel, eigentlich nicht zu gebrauchen, nicht mal als Ersatzteilspender. Also entschied sich Robert, es wieder zurückzubringen. Er pumpte hinten und vorn noch etwas Luft nach und fuhr sofort zum Altstadtkeller. Der war um diese Zeit geschlossen, aber das Tor zum Biergarten stand offen. Robert sah sich kurz um, und als er sich unbeobachtet fühlte, stellte er das Fahrrad an einer Garage ab, sodass es von der Straße aus sichtbar war. Dann erledigte er noch einige Dinge in der Sparkasse und auf der Post und marschierte nach Hause.

Zwei Tage später, Robert musste seinen Sohn mit dem Auto zum Bahnhof bringen, fuhr er ganz langsam am Altstadtkeller vorbei. Das Rad war weg. Entweder war es von seinem Besitzer abgeholt worden oder jemand anders hatte nicht widerstehen können. Robert jedenfalls war zufrieden. Denn wie heißt es doch so schön: Ein gutes Gewissen ist ein sanftes Ruhekissen.

26. Mehr als schwerbehindert

Bei Handicaps – und das ist keine Ente –
zählen immer die Prozente.

Als Herr Neumann eines Tages den Briefkasten öffnete, fiel ihm außer zahlreichen Werbeblättern Post vom Ordnungsamt in Rüdersdorf entgegen. Behördenbriefe verheißen ja selten Gutes, und so trug Herr Neumann das verdächtige Schriftstück eiligst ins Haus und hielt es seiner Frau unter die Nase. Die zögerte nicht lange und riss es auf.

In dem Brief des Ordnungsamtes stand, dass Familie Neumann vor einem Monat mit ihrem Fahrzeug unberechtigterweise einen Behindertenparkplatz für längere Zeit blockiert und damit gegen die Straßenverkehrsordnung verstoßen habe. Nun sei ein Bußgeld von 70 Euro fällig. Dem Schreiben war ein Einzahlungsschein beigefügt, es wurde um eine schnellstmögliche Bezahlung des Betrages gebeten.

Herr und Frau Neumann staunten nicht schlecht. Sie waren sich gar keiner Schuld bewusst. Waren sie vor einem Monat überhaupt in Rüdersdorf gewesen? Frau Neumann dachte kurz nach, dann fiel es ihr wieder ein: Vor vier Wochen hatte sie in der dortigen Klinik einen Arzt konsultiert wegen ihres linken Beines, das sie aus unerklärlichen Gründen plötzlich nicht mehr hatte bewegen können. Ihre ratlose Hausärztin hatte sie an einen Spezialisten überwiesen. Nach dem Anruf beim Facharzt in Rüdersdorf waren noch zwei Monate ins Land gegangen, in denen sich das Bein ein wenig gebessert hatte; dennoch waren die Neumanns schließlich zur Klinik gefahren.

Je länger Frau Neumann grübelte, desto mehr Details kamen ihr in den Sinn. Da vor der Klinik keiner der normalen Parkplätze mehr frei gewesen war, hatten sie sich tatsächlich auf einen Behindertenparkplatz gestellt, direkt vor den Haupteingang. Außerhalb des Klinikgeländes zu parken, hätte einen längeren Fußweg bedeutet, und das hätte Frau Neumann mit ihrem lädierten Bein nie geschafft. Ihr Mann hätte sie stützen müssen, aber er war ja selbst ziemlich schlecht zu Fuß unterwegs, schließlich hatte er schon seit längerer Zeit zwei künstliche Hüften. So aber hatten sie es einigermaßen bequem zur Praxis geschafft.

Als sie nach der Behandlung wieder am Auto angekommen waren, hatten sie einen kleinen Zettel unter dem Scheibenwischer vorgefunden, aber das war Frau Neumann in diesem Moment völlig egal gewesen. Man hatte ihr Hoffnung auf Heilung gemacht, und sie war voll Freude, ihr Bein bald wieder normal bewegen zu können. Ihr Mann jedoch war wütend geworden und hatte den Strafzettel, ohne ihn genauer zu lesen, in den nächsten Mülleimer geworden.

Nun hatten sie die Bescherung. Was sollten sie tun? Ob man einen Bußgeldbescheid irgendwie abschmettern konnte? 70 Euro, das war schon ganz schön heftig, so viel hatten sie noch nie bezahlen müssen. Nach einer kleinen Umfrage im Bekanntenkreis beschlossen sie, den Betrag erst einmal zu überweisen und anschließend Widerspruch gegen den Bescheid zu erheben.

Beide überlegten ziemlich lange, wie sie ihr Schreiben formulieren sollten, es musste ja überzeugend sein. Da kam Frau Neumann auf die Idee, ihre zur damaligen Zeit starke Gehbehinderung ausführlich darzustellen. Sie war ja auch der eigentliche Grund gewesen für ihren Besuch in der Klinik. Außerdem waren sie beide schwerbehindert – ihr Mann mit zwei künstlichen Hüften um die fünfzig Prozent und sie, zu diesem Zeitpunkt, mit siebzig Prozent. Zusammengerechnet ergab das mitleiderregende einhundertzwanzig Prozent. Dass es sich hierbei nicht um anerkannte Behinderungsgrade handelte und kein Schwerbehindertenausweis vorlag, mussten sie ja nicht gleich verraten …

Nach drei Wochen kam dann endlich eine Rückmeldung vom Ordnungsamt in Rüdersdorf. Aufgeregt öffneten Neumanns den Brief. In dem Schreiben stand:

„Sehr geehrte Familie Neumann, in Anbetracht Ihrer Darstellung zum Sachverhalt ‚widerrechtliches Parken' möchten wir uns bei Ihnen entschuldigen und wünschen Ihnen, Frau Neumann, gute Besserung. Wir ziehen unseren Bußgeldbescheid selbstverständlich wieder zurück. Nach Angabe Ihrer Kontodaten werden wir die 70 Euro unverzüglich auf Ihr Konto zurücküberweisen.

Hochachtungsvoll
das Ordnungsamt Rüdersdorf"

Herr und Frau Neumann fielen sich in die Arme. Das war der erste gelungene Widerspruch ihres Lebens! Ob die Sachbearbeiterin wirklich die angegebenen Prozente addiert hatte? Körperliche Beeinträchtigungen brachten jedenfalls nicht nur Nachteile mit sich.

27. Unsere erste Ausreise

Fast dreißig Jahre Warten, Hoffen,
dann war die Grenze plötzlich offen.

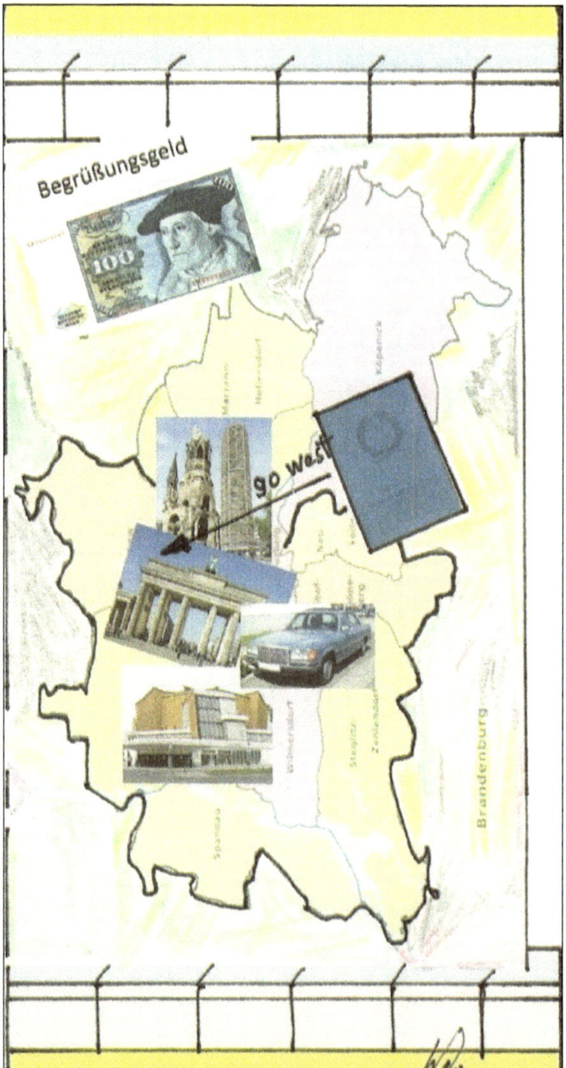

Als 1989 die Berliner Mauer geöffnet und damit die deutsch-deutsche Wiedervereinigung eingeläutet wurde, erlangten wir nicht nur unsere Freiheit. Wir Ostberliner erhielten unsere Stadt zurück. Achtundzwanzig Jahre waren Betonwände und Stacheldraht quer durch Häuser und Straßenzüge verlaufen, hatten Familien, Freunde und Kollegen voneinander getrennt.

Dass man nun gefahrlos und ungehindert den Todesstreifen überschreiten konnte, davon hatte so mancher nicht einmal zu träumen gewagt. Eigentlich hatte ich mich schon damit abgefunden, erst als Rentner – also 2014 – in den Westen reisen zu können, da wären noch viele Jahre Zeit gewesen. Aber nun war es auf einmal ganz unverhofft möglich, welch ein Wunder! Endlich konnten wir der Enge und der Tristesse entfliehen, um mit eigenen Augen zu sehen, was eigentlich hinter der Mauer so ablief. Viele kannten den ‚goldenen Westen' ja nur aus dem Fernsehen oder von Westpaketen und verbanden ihn vor allem mit Lux-Seife, Coca-Cola, Melitta-Kaffee, HB-Zigaretten, Mariacron und originalen Jeans. Ja, die Konsumartikel zogen gewaltig.

Der eigentliche Startschuss kam mit der etwas undurchsichtigen Ankündigung neuer Reisebestimmungen, die im November 1989 im DDR-Fernsehen ausgestrahlt wurde. Danach setzte sich ein ganzes Volk Richtung Staatsgrenze in Bewegung; die Grenzposten wurden praktisch überrumpelt. Da wir an diesem Abend kein Fernsehen geschaut hatten, war der berühmte Auftritt von Günter Schabowski jedoch unbemerkt an uns vorübergegangen. Am späten Abend rief dann unsere Tochter ganz aufgeregt an und behauptete, sie sei in Westberlin bei ihren Schwiegereltern, wir sollten auch unbedingt kommen. Völlig durcheinander schalteten wir den Fernseher ein und sahen das Geschehen an den Grenzübergängen, waren aber viel zu müde, um uns in der Nacht noch zur Sonnenallee aufzumachen. So gingen wir erst einmal ins Bett, um die ganze Sache zu überschlafen.

Am Freitagmorgen dann wurde der nächtlich geschmiedete Schlachtplan umgesetzt. Wie viele andere auch beschlossen wir, nicht sofort zur Arbeit zu gehen, sondern nach Westberlin ‚auszureisen'. Auf der Arbeit meldeten wir uns nicht ab, die konnte vorerst warten, es war ja auch nur ein kurzer Abstecher geplant. Das Auto ließen wir zu Hause stehen, stattdessen fuhren wir mit der S-Bahn nach Berlin-Baumschulenweg und das letzte Stück mit der Straßenbahn bis zur Ecke Sonnenallee. Von Weitem sahen wir schon, wie sich eine lange Schlange durch das Nadelöhr am Grenzübergang schob, nur ganz langsam bewegte sich der Menschenstrom von Ost nach West. Lediglich die Stempel in die Personalausweise brachten die Karawane kurzzeitig ins Stocken, und schon ging es ganz friedlich weiter über die bisher unüberwindbare Grenze – und kein einziger Schuss fiel! Das war ein unglaubliches Bild, alle jubelten, lagen sich in den Armen, und die Gesichter strahlten vor Freude.

Auf der anderen Seite angekommen wurden wir wie lang vermisste Brüder und Schwestern herzlich empfangen. Viele warteten auf ihre Verwandten aus dem Osten, aber auch wildfremde Menschen fielen sich um den Hals. Ein älterer, gut aussehender Herr steuerte direkt auf uns zu und fragte meine Frau und mich, ob wir uns in der Stadt auskennen würden, was wir nach so vielen Jahren natürlich verneinen mussten. Er bot sich als Stadtführer an, hatte früh im Radio von der Grenzöffnung erfahren und sich sofort zur Sonnenallee aufgemacht. Mit seinem neuen Mercedes nahm er uns mit auf eine tolle Stadtrundfahrt durch Westberlin.

Wir fuhren über den Ku'damm, zur Gedächtniskirche, waren im KDW, umkreisten die Siegessäule, sahen die Philharmonie und den Funkturm, das Messegelände und die Deutschlandhalle. Während der Fahrt gab es über das Radio die Information, dass sich alle Ostdeutschen bei Vorlage ihres Personalausweises in einer beliebigen Bank 100 DM ‚Begrüßungsgeld' abholen könnten. Da fuhr uns der gute Mann spontan zu einer Bank, wo wir problemlos unser Begrüßungsgeld erhielten und einen zweiten Stempel in den Personalausweis. Da wir uns noch auf der Arbeit melden mussten, fuhr uns Herr Böttcher, der freundliche Reiseleiter, anschließend zum Grenzübergang zurück. Wir tauschten unsere Adressen und Telefonnummern aus und versprachen einander, weiterhin in Kontakt bleiben.

Im Betrieb gab es überhaupt keine Probleme. Selbst die Chefs akzeptierten den kurzen Ausflug, schließlich erlebten wir gerade eines der größten Ereignisse in der deutschen Nachkriegsgeschichte. Allerdings mussten wir für die ausgefallenden Arbeitsstunden Urlaub nehmen, was uns aber überhaupt nicht störte. Viele Kollegen wollten alles ganz genau wissen und fanden es toll, dass wir den Mut gehabt hatten, einfach nach Westberlin auszureisen; es war ja nicht sicher, wie sich das Ganze weiterentwickeln würde. Einige wollten nach der Arbeit ebenfalls so schnell wie möglich in den Westen, es winkten ja auch 100 DM pro Nase.

Aus unserer Begegnung mit dem netten Westberliner entwickelte sich eine richtige Freundschaft. Wir lernten später auch seine Frau kennen, besuchten beide in ihrer

Wohnung in der Köllnischen Heide und wurden zum Geburtstag eingeladen. Wir trafen uns auch bei uns zu Hause in Treptow und luden beide auf unser Grundstück bei Königs Wusterhausen ein. Ich war Spielertrainer unserer Betriebsmannschaft, Herr Böttcher hatte hingegen gute Verbindungen zum SC Stern, und so konnten wir ohne Probleme zwei Freundschaftsspiele organisieren, zuerst das Hinspiel des SC Stern und dann das Rückspiel bei uns auf dem Sportplatz Birkenwäldchen. Beides waren tolle sportliche Begegnungen, die mit einem gemütlichen Beisammensein ausklangen. Und so entstanden viele weitere Freundschaften zwischen Ost- und Westberlinern.

Besondere Höhepunkte waren auch die Einladungen von Herrn Böttcher zum jährlichen Sportlerball des SC Stern auf der Trabrennbahn in Marienfelde, wo auf mehreren Etagen gefeiert wurde. Erstklassige Livemusik animierte zum Tanzen und ein wahrhaft königliches Büfett bot leckere warme und kalte Speisen. Wir haben im Osten auch gut gefeiert, aber so etwas hatten wir bisher noch nicht erlebt. Es gab schon am Eingang ein kleines Geschenk für die Damen, und bei einer riesigen Tombola wurden richtig teure Gewinne verlost. Das Los kostete 1 DM und die Gewinnchancen waren groß, sodass nie einer mit leeren Händen nach Hause ging. Am späten Abend fand dann das traditionelle Pferderennen unter Flutlicht statt, bei dem man einen Wetteinsatz auf ein beliebiges Pferd setzen konnte. Meine Frau hatte einmal sogar das Glück, bei einem Einsatz von 5 DM auf das Pferd „Gänseblümchen" 50 DM zu gewinnen. Das alles war natürlich neu und aufregend für uns, auch die schicken langen Kleider der Frauen und die eleganten Smokings und Anzüge der Männer beeindruckten uns gewaltig, wir kamen uns vor wie in einer anderen Welt. Mit so vielen Eindrücke mussten wir erst einmal zurechtkommen.

Es war eine ganz tolle Zeit, an die wir heute noch gern zurückdenken, besonders an die herzliche Aufnahme bei unserem ersten Besuch in Westberlin; dafür sind wir nach wie vor unheimlich dankbar. Leider haben wir Familie Böttcher später aus den Augen verloren, zu schnell rasten die Jahre nach der Wende. Arbeit, Auslandsdienstreisen, Urlaubsreisen und ein Umzug aufs Land haben viel Zeit und Energie gefordert. Heute fahren wir nur noch zu Konzerten oder zu Ausstellungen nach Berlin.

28. Das Abi-Treffen

Wer hat an der Uhr gedreht?
Kinder, wie die Zeit vergeht!
Ob faul, ob fleißig, dumm oder schlau,
jetzt sind wir alle alt und grau.

Anfang Juni trafen sich ein Dutzend ergraute Damen und Herren im Nikolaiviertel bei Mutter Hoppe, einer typischen Altberliner Kneipe. Anlass war ein ziemlich großes Jubiläum: Wir hatten vor fünfzig Jahren gemeinsam an der erweiterten Oberschule (EOS) Abitur gemacht, damals noch mit Berufsausbildung. Zuvor hatten wir alle eine polytechnische Oberschule (POS) besucht, die im Normalfall bis zur 10. Klasse geführt hatte, aber zur damaligen Zeit durchaus noch mit der 8. Klasse abgeschlossen werden konnte.

Wir waren aus verschiedenen Stadtbezirken in Ostberlin gekommen, hatten praktisch alle die Schule wechseln und in einem völlig neuen Umfeld mit wildfremden Mitschülern und Lehrern starten müssen. Das erste Jahr war besonders schwierig gewesen, da sich unser Leistungsniveau doch ziemlich unterschieden hatte und der neue Lehrstoff ohne Gnade stramm durchgezogen worden war. Wer nicht mitkam, war verloren.

Ich war sehr neugierig auf die anderen, wollte wissen, wie es den ehemaligen Mitschülern so ging, wie sie heute ausschauten. Ob man sich überhaupt wiedererkennen würde? Inzwischen hatten wir ja schon alle das Rentenalter erreicht. Kaum zu glauben, dass man vor einem halben Jahrhundert ganze vier Jahre lang gemeinsam die Schulbank gedrückt hatte …

Unsere Schule trug den Namen des deutschen Philosophen Immanuel Kant. Neben den Sprachen war sie jedoch eher auf die Naturwissenschaften ausgerichtet. Wenn wir philosophierten, dann über Marx, Engels und Lenin, selbst die Ideen anderer Denker wurden sozialistisch interpretiert. Französisch und Latein wurde in Extrakursen unterrichtet, aber durch Russisch mussten wir uns gemeinsam quälen.

Wie heutzutage einfach einige Fächer abzuwählen, das gab es damals nicht. Dann wäre bei unserem Mathelehrer, der später auch unser Klassenlehrer wurde, das Klassenzimmer mit hoher Wahrscheinlichkeit leer geblieben. Er zauberte immer exorbitante Zeichnungen und Rechnungswege an die Tafel, aus denen man beim besten Willen nicht schlau werden konnte. Die Mehrheit unserer Klasse wollte jedenfalls irgendetwas in den Bereichen Chemie, Physik oder Mathe arbeiten. Während meine beruflichen Vorstellungen eher schwammig waren, hatten einige schon klare Ziele.

Meine Klasse ließ sich im Grunde in drei Gruppen aufteilen: Es gab die Oberschlauen, diejenigen mit Halbwissen und die Ahnungslosen, zu denen ich mich zählte. Die Oberschlauen waren unsere Intellektuellen, die schon Dinge wussten, die noch gar nicht im Unterricht behandelt worden waren. Sie behielten alles im Kopf, unterbrachen häufig den Unterricht mit kniffligen Fragen und gaben gegenüber dem Lehrer den absoluten Durchblick vor. Wenn sie sich produzierten, konnte man schon mal eine Stunde lang abtauchen, ohne in die Schusslinie zu geraten.

Die Halbwissenden wollten so sein wie die Oberschlauen, hatten aber nicht das Zeug dazu. Sie mussten sich mächtig anstrengen, um irgendwie mithalten zu können. Ihr Strebertum brachte sie halbwegs gut durch alle schriftlichen Prüfungen. Mündlich indes hatten sie Probleme.

Zu den Ahnungslosen zählten diejenigen, die schon nach zehn Minuten nicht mehr wussten, wovon eigentlich gesprochen wurde. Für sie war der tägliche Unterricht echte Quälerei, sie wollten auf keinen Fall beim Meditieren gestört werden. Dem entsprechend waren ihre Leistungen einzuordnen – immer hart an der Grenze zum „ungenügend“.

Innerhalb der Klasse bildeten sich natürlich gewisse Cliquen, die ordentlich austeilten und Stimmung machten. Fiese Mobbingaktionen, wie sie mittlerweile wohl gang und gäbe sind, gab es aber nie. Wir haben die Schule heil überstanden und einen Abschluss gemacht. Dabei hatte das Abitur noch einen viel höheren Stellenwert als heute und erforderte sehr viel Fleiß und Disziplin. Früher waren viel mehr Fächer zu bewältigen, und das Wissen musste mühsam aus unzähligen Büchern zusammengetragen werden. Heute hilft bei den Hausaufgaben ein Klick im Internet.

In meiner Jugend waren es die Kinder von Arbeitern und Bauern, die auserwählt waren, eine höhere Schule zu besuchen, nicht die Reichen und Schönen. Wir sollten die Zukunft unseres Landes sein, es einmal gestalten und regieren und dafür das Rüstzeug erhalten. Kinder von Selbstständigen und Pfarrern hatten es zum Beispiel wesentlich schwerer, einen Platz auf der EOS zu bekommen, obwohl das Leistungsprinzip manchmal angemessener gewesen wäre. Aber viele hatten mit der Schule auch nicht so viel am Hut und wollten so schnell wie möglich Geld verdienen, manche gingen schon nach der 8. Klasse ab und begannen eine Lehre. Sie wollten lieber etwas Praktisches, Greifbares machen, um unabhängig zu sein oder die Eltern zu Hause finanziell zu unterstützen. Die, die weiter zur Schule gingen, wurden von ihnen natürlich belächelt, sie galten als absoluten Streber, Muttersöhnchen und Arbeitsscheue, die ihren Eltern ewig auf der Tasche liegen würden.

Wir Abiturienten ließen uns davon überhaupt nicht beeindrucken. Wir fühlten uns überlegen und hofften, mal die große Kariere zu machen und richtig Kohle zu verdienen, wenngleich einige mehr oder weniger in diese Richtung gedrängt wurden. In den meisten Fällen steckten die Eltern dahinter, die wollten, dass es ihren Kindern einmal besser gehen sollte als ihnen. Ob meine ehemaligen Mitschüler die Hürden des Lebens gut gemeistert hatten?

Als wir uns in Mutter Hoppes Gaststube wiedertrafen, mussten wir uns erst einmal identifizieren. Die Zeit war nicht spurlos an uns vorübergegangen; viele Männer hatten kaum noch Haare, dafür aber weiße Bärte, die Frauen waren entweder grau oder gefärbt. Fast alle blickten durch eine Sehhilfe, aber die Stimmen klangen fast so wie früher. Nachdem wir uns gesetzt hatten, berichtete jeder kurz von seinem beruflichen Werdegang und der Familie. Aus allen war etwas geworden, wie man so schön sagt. Alle hatten studiert, einige trugen einen Doktortitel, andere waren sogar Professor geworden. Die Halbwissenden hatten es irgendwie geschafft, mit den Oberschlauen gleichzuziehen, und selbst die Ahnungslosen hatten irgendwann die Kurve gekriegt und ihr Abitur zum Studium genutzt. Dennoch drängte sich keiner unangenehm in den Vordergrund, nein, da wurde kein Neid geschürt. Jeder war mit dem eingeschlagenen Weg zufrieden, außerdem war das Arbeitsleben für uns vorbei, jetzt zählte eher die Gesundheit.

Wie es bei Klassentreffen üblich ist, wurde einiges aus der Schulzeit wieder aufgewärmt, wie die standardisierten Klassenfahrten. Eine führte garantiert nach Weimar, wo Goethe und Schiller gewirkt hatten. Das scheint auch heute noch Tradition zu sein, denn mein Enkel war mit seiner Abiturklasse vor Kurzem ebenfalls dort. Während der Schulzeit hatte man uns ja mit den deutschen Dichtergrößen zwangsbeglückt. Um ganz ehrlich zu sein, war es mir immer sehr schwergefallen, aus den Texten die gewünschte Quintessenz herauszuarbeiten, ich lag meist voll daneben. Aus Goethes »Faust« aber, der im Unterricht regelrecht seziert worden war, sind mir zumindest noch der Pakt mit dem Teufel, des Pudels Kern und die Gretchenfrage in Erinnerung geblieben. Dass Menschen sich verkaufen, um persönliche Ziele zu erreichen, ist ja auch ein zeitloses Phänomen.

Während wir an unserem Kneipentisch in Erinnerungen schwelgten, kamen wir auf ein gemeinsames Erlebnis im letzten Schuljahr zu sprechen, das niemand vergessen hatte: Udo Jürgens war 1967 in Berlin aufgetreten, im Friedrichstadt-Palast, der sich damals noch neben dem Berliner Ensemble befand. Natürlich waren alle Karten sehr schnell ausverkauft gewesen und wir hatten uns irgendwie hineinschmuggeln müssen. Wir waren große Fans; Udo Jürgens live in Ostberlin – das mussten wir unbedingt miterleben!

Ohne Karten hatten wir natürlich keinen Sitzplatz, und so kamen wir, als es dunkel wurde, aus unseren Verstecken und setzten uns auf die oberen Treppen. Weit entfernt von der Bühne, aber wir waren dabei. Komischerweise regte sich niemand auf, wie sonst üblich, wir wurden geduldet, verhielten uns aber auch sehr diszipliniert. Es war ein ganz tolles Erlebnis, dem Konzert eines großen Stars aus dem Westen beizuwohnen.

Erst am nächsten Tag erfuhr ich, dass zwei meiner Klassenkameraden nach dem nicht enden wollenden Applaus versucht hatten, Udo Jürgens im Berolina-Hotel persönlich zu treffen. Wie es ihnen letztendlich gelungen war, bis zu ihm vorzudringen, kann ich nicht mehr genau wiedergeben, auf jeden Fall ernannten sie ihn zum Ehrenmitglied unserer Abiturklasse und übergaben ihm ein Abzeichen, das wir uns extra zum Abschlussjahr hatten anfertigen lassen. Udo Jürgens war wohl sehr überrascht und freute sich darüber, auch im Osten Fans zu haben.

Am nächsten Morgen hing dann ein persönlich signiertes Bild von ihm in unserem Klassenzimmer. Nun kamen natürlich Diskussionen auf, ob das Bild eines westlichen Sängers als Idol in unserem Klassenzimmer gezeigt werden durfte. Wir waren total stolz auf Udo, unser neues Ehrenmitglied, und verteidigten ihn, so gut es ging. Besonders in meinem ‚Lieblingsfach', der Staatsbürgerkunde, wurde immer wieder kritisiert, dass ein ‚Klassenfeind' die Wand einer DDR-Schule zierte. Aber das Foto blieb trotzdem weiter hängen. Einige Zeit später bekamen wir sogar eine Postkarte von Udo von der Côte d'Azur, auf der er sich nochmals ganz herzlich bei uns bedankte. Die Karte klebten wir dann neben das Bild. Irgendwann verschwand schließlich beides über Nacht. Ob ein Lehrer durchgegriffen hatte? Oder hatte ein Fan nicht widerstehen können? Auch nach fünfzig Jahren ließ sich der Vorfall nicht aufklären.

Im Großen und Ganzen, so stellten wir im Nachhinein fest, war es doch eine schöne Zeit gewesen, die keiner missen wollte – auch wenn offenkundig ist, dass man mit verklärtem Blick zurückschaut. Früher war eben alles ganz anders, und da die schwierigen Momente mit den Jahren verblassen, scheinen damalige Zeiten oft besser als sie vielleicht waren. Nach einem gemeinsamen Foto verabschiedeten wir uns alle voneinander und einigten uns darauf, zeitnah ein weiteres Treffen zu organisieren. Noch einmal fünfzig Jahre zu warten, wäre auch etwas abwegig gewesen …

29. Der abhandengekommene Vater

Im Alter ist so mancher
vergesslich und zerstreut.
Ein Greis kann leicht verschwinden,
selbst wenn man ihn betreut.

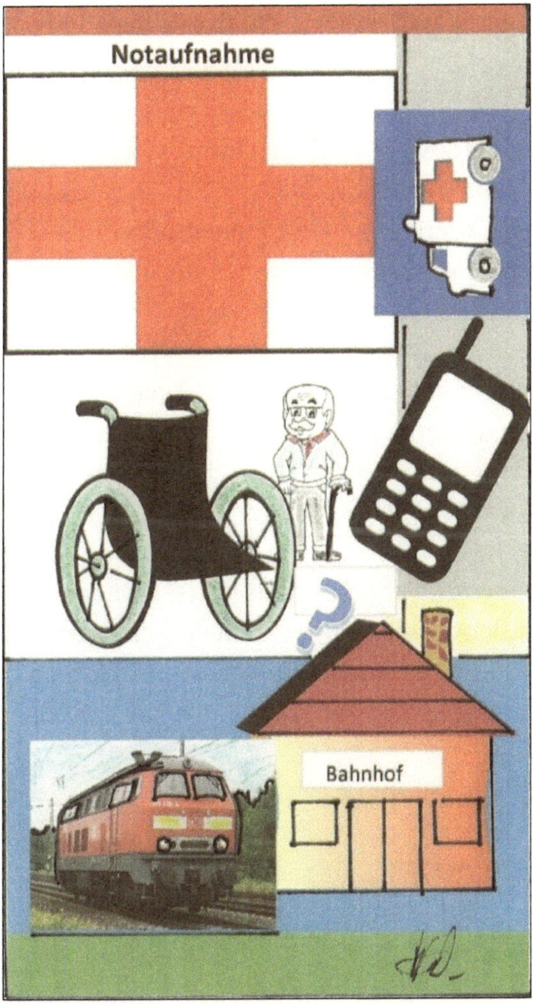

Neulich hörte ich gezwungenermaßen im übervollen Sprechzimmer meines Hausarztes ein Gespräch zwischen zwei Frauen mit; fehlende Ohrstöpsel und die Lautstärke ihrer Unterhaltung ließen mir keine Wahl. In diesem Fall muss ich aber zugeben, dass mir die Geschichte die Wartezeit durchaus verkürzt hat.

Eine der beiden Frauen hörte aufmerksam und kopfschüttelnd zu, die andere erzählte ziemlich aufgeregt von ihrem Vater, der über neunzig Jahre alt war und irgendwie schon ‚Honig im Kopf' hatte, sich also im Hier und Jetzt nicht mehr zurechtfand. An Dinge aus weit zurückliegenden Zeiten konnte er sich hingegen noch sehr genau erinnern, und immer, wenn er die Gelegenheit hatte, erzählte er seine ollen Kamellen. Da brauchte man als Zuhörer eine gewaltige Portion Geduld und Verständnis.

„Weißt du", sagte die Tochter, „die meisten Geschichten kennen wir schon auswendig, und wenn man dann noch eigene Probleme hat, ist man schnell genervt. Aber inzwischen habe ich ihn dreimal die Woche für ein paar Stunden in einer Tagesbetreuung untergebracht. Natürlich haben wir beide davon gewisse Vorteile. Mein Vater ist für einige Stunden versorgt und beschäftigt, ist sicher untergebracht und vor allen Dingen unter Leuten seines Alters. Ich dagegen habe etwas mehr Ruhe und Zeit für mich und muss mir nicht ständig Sorgen machen, dass er womöglich etwas anstellt."

„Na klar", sagte ihre Bekannte, „man liest ja immer wieder über Demente, die zum Beispiel den Herd anlassen und dadurch fast die Wohnung abfackeln. Aber geht denn dein Vater da so einfach mit?"

„Eigentlich hat das ganz gut funktioniert", berichtete die Tochter weiter. „Früh am Morgen wurde er mit einem

Kleinbus abgeholt und am Nachmittag wieder nach Hause gebracht. Natürlich hat mein Vater kaum etwas über seinen Tagesablauf erzählt, was uns nicht weiter verwunderte; wir hatten das Gefühl, dass er annahm, an diesen Tagen auf Reisen zu gehen, so wie früher. Wir ließen ihn in dem Glauben und akzeptierten, dass er auf direkte Fragen zur Tagesstätte nur wenig berichten konnte. Und dann, eines Tages, mein Vater war gerade zwei Stunden in der Tagesstätte, da bekam ich einen Anruf. Mein Vater war umgefallen und mit einem Krankenwagen in die Notaufnahme gebracht worden. Ich sollte mich umgehend telefonisch mit dem Krankenhaus in Verbindung setzen, um alles Weitere zu klären. Total aufgeregt suchte ich eine Telefonnummer, dann war ständig besetzt, und erst nach längerem Warten hatte ich eine Schwester in der Leitung. Auf meine Frage, was denn mit meinem Vater sei und wie es ihm gehe, wurde ich gebeten, in der Leitung zu bleiben, die Schwester musste sich erst einmal schlaumachen. Irgendwie hatte ich den Eindruck, dass dort keiner so richtig Bescheid wusste, was mit meinem Vater los war. Und nach längerer Wartezeit kam die völlig überraschende Rückmeldung, dass mein Vater noch gar nicht im Krankenhaus sei! Da hätte ich am liebsten in den Hörer gebissen! Wo sollte er denn sein? Vor lauter Aufregung fing mein Puls an zu rasen, ich war im Nu auf hundertachtzig."

„Das kann ich mir lebhaft vorstellen", antwortete ihre Gesprächspartnerin und sagte ungläubig: „Das kann es doch gar nicht geben, dass niemand weiß, wo ein eingelieferter Patient abgeblieben ist."

„Ja, das kann man wohl laut sagen, und es ließ mir auch einfach keine Ruhe. Also griff ich erneut zum Telefon, um nochmals in der Notaufnahme anzurufen. Diesmal war die

Leitung natürlich wieder besetzt, sodass ich es mehrmals versuchen musste, bis endlich ein Freizeichen ertönte und am anderen Ende der Hörer abgenommen wurde. Nun bekam ich die Auskunft, dass mein Vater in der Notaufnahme gelandet und stark dehydriert sei. Innerhalb einer Stunde wollte man ihn mit einem Krankentransport nach Hause bringen, ich brauchte nicht persönlich vorbeizukommen."

„Und kam er dann auch?", fragte die Bekannte interessiert.

„Nein, gar nicht. Die Zeit verstrich, aber mein Vater tauchte einfach nicht auf, sodass ich mir wieder große Sorgen machte und erneut zum Telefon griff. Nun platzte mir fast der Kragen, denn es hieß, ich solle mich immer noch in Geduld üben, man würde ihn schon heil nach Hause bringen. In der Zwischenzeit rief meine Schwester an und wollte wissen, was mit unserem Vater sei. Aber ich konnte ihr die Frage nicht so richtig beantworten, woraufhin sie sofort ins Krankenhaus fahren wollte, um sich vor Ort zu informieren. Ihrer Meinung nach stimmte da etwas nicht; die Informationen waren unzureichend und höchstwahrscheinlich nicht wahrheitsgemäß, offensichtlich wusste keiner so richtig, was eigentlich Sache war. Als meine Schwester dann in der Notaufnahme des Krankenhauses ankam, saß unser Vater direkt im Bereich der Anmeldung und wusste nicht so recht, wo er war und was er dort eigentlich sollte. Von einer Krankenschwester erfuhr sie, dass nun alles wieder in Ordnung sei und der Vater nur noch auf den Krankentransport nach Hause wartete. Da war sie erst einmal beruhigt, konnte sich aber nicht erklären, was genau seit dem Anruf von der Tagesstätte passiert war, schließlich lagen mehr als drei Stunden dazwischen. Unser Vater konnte darauf keine Antwort geben. Meine

Schwester nahm ihn dann mit nach Hause und bekam zuvor noch den Hinweis, dass er tagsüber mehr trinken solle, um nicht zu dehydrieren."

„Aber darum hätte sich doch die Pflegeeinrichtung kümmern müssen!", empörte sich die andere Frau.

„Ich hab ja da meine eigene Theorie", sagte die Tochter des Alten. „Einen Tag später habe ich den Vorfall noch einmal mit meiner Schwester ausgewertet; die vielen Puzzleteile passten einfach nicht zusammen. Eigentlich lassen sich nur Vermutungen anstellen, wie die ganze Sache abgelaufen sein könnte; wir kamen jedenfalls zu folgender Geschichte: Als unser Vater in die Notaufnahme kam, muss diese völlig überfüllt gewesen sein, und da er während des Transportes wieder zu sich gekommen war, hat man ihn wahrscheinlich auf der fahrbaren Trage samt Infusion im Gang oder in einem Nebenraum abgestellt. Da musste er aufgrund dringender Notfälle bestimmt warten, bis er einem Arzt vorgestellt werden konnte. In der Zwischenzeit ist er möglicherweise von der Trage geklettert und hat die Klinik verlassen, was niemand bemerkt hat. Als ich dann das erste Mal anrief, war er angeblich noch nicht im Krankenhaus eingetroffen. Die haben garantiert fieberhaft nach ihm gesucht, während er draußen herumirrte und sicher in Richtung Bahnhof unterwegs war. Am Handgelenk trug er aber noch das bunte Pflaster mit der Infusionskanüle, und er hatte ja keine Jacke an. Bestimmt ist er einem Passanten aufgefallen, der im Krankenhaus angerufen und nachgefragt hat, ob jemand vermisst würde. Daraufhin hat man ihn wieder eingefangen und zum Krankenhaus zurückgebracht, wo er dann im Sichtfeld der Notaufnahme platziert wurde, um dem Arzt vorgestellt zu werden; anbinden konnten sie ihn ja nicht. Und so war er bei meinem nächsten Anruf tatsächlich im Krankenhaus, aber noch immer nicht abschließend untersucht. Von dem Ausflug unseres Vaters haben die natürlich nichts erzählt. Und unser Vater konnte ja nicht viel zur Aufklärung beitragen; er stellte mehr Fragen, als dass er Antworten geben konnte."

30. Die Rentenberechnung

Kann man Ämtern trauen,
wird man übers Ohr gehauen?
Manchmal muss man echt
kämpfen um sein Recht.

Heutzutage trudeln die Rentenbescheide schon ziemlich zeitig ein, obwohl man eigentlich noch voll im Berufsleben steht. Dabei handelt es sich stets um eine Art Prognose; am Ende muss die Höhe der Rente nicht unbedingt so ausfallen. Meist hofft man ja auf mehr, aber solange man arbeitet, wird das Thema eher zur Seite geschoben, der Bescheid gelocht und abgeheftet. Otto Normalverbraucher kann die Berechnung ohnehin nicht nachvollziehen, auf jeden Fall muss es sich um höhere Mathematik handeln, und so schlägt man den Hefter schnell wieder zu.

So ähnlich ging es auch Herrn Pätzold. Er arbeitete noch auf Hochtouren, trotzdem kamen regelmäßig Rentenbescheide ins Haus geflattert. Herr Pätzold hatte ursprünglich eine reine Ost-Rente erwartet. Als DDR-Bürger war ihm die Ausbeutung seiner Arbeitskraft erspart geblieben, und wenn man Karl Marx Glauben schenken durfte, war er kraft seiner Hände Arbeit sogar Mitbesitzer der Produktionsmittel gewesen. Dann aber kam die Wende und mit ihr die kapitalistische Marktwirtschaft. Fortan verdiente Herr Pätzold viel mehr, bekam plötzlich Urlaubs- und Weihnachtsgeld. Gleichzeitig musste er jedoch ständig Überstunden leisten, erst gegen Bezahlung, später durfte er sie abbummeln. Der ehemals volkseigene Betrieb wurde in eine GmbH umgewandelt und später von einem großen internationalen Konzern aufgekauft.

Zu Ostzeiten hatte es für Ingenieure der volkseigenen Industrie Rentenzuschläge in Form des Anspruchs- und Anwartschaftsüberführungsgesetzes (AAÜG) gegeben; Physiker waren merkwürdigerweise als Einzige davon ausgenommen. Herr Pätzold war zum Glück Diplom-Ingenieur für Elektrotechnik, hatte damit also Anspruch auf die genannte Zusatzvergütung, die in den jährlich zugesandten Rentenbescheiden auch ordnungsgemäß aufgetaucht war.

Als er nun endlich seinen Rentenantrag stellte, wurde seine Rente zwar mit der Zusatzvergütung berechnet, aber in einem Extra-Schreiben teilte man ihm mit, dass sie eigentlich gestrichen werden müsste, da sein Betrieb schon vor dem festgelegten Stichtag von einem VEB in eine GmbH umgewandelt worden war. Aus diesem Grund, so hieß es, habe er keinen Anspruch auf zukünftige Rentenerhöhungen, bis der zu Unrecht gezahlte Besitzstand mit der Zusatzvergütung abgegolten sei – also nicht mehr zu Lebzeiten.

Herr Pätzold war natürlich vollkommen geplättet und mächtig sauer. Was konnte er denn dafür? Er kannte diese Regelung gar nicht, und überhaupt: Der erwähnte Stichtag lag nur dreizehn Tage daneben. Seine Kollegen hatten doch auch kein Problem damit gehabt; sie bekamen ihre volle Rente mit Zuschlag plus Rentenerhöhung. Er musste unbedingt zur Rentenstelle und Einspruch erheben!

Der zuständige Beamte erklärte Herrn Pätzold, dass er aufgrund der bereits erfolgten Rentenzusage Bestandsrecht habe. Er könne durchaus klagen, aber damit würde er möglicherweise seinen Besitzstand verlieren. Das wollte Herr Pätzold nun auch wieder nicht. Da zu dieser Zeit auch keinerlei Bewegung bei der Rentenerhöhung zu beobachten war, ließ er die Finger davon.

In den folgenden Jahren geriet seine Entscheidung indes ins Wanken. Regelmäßig wurde den Rentnern die Rente erhöht, da kamen schon etliche Prozente zusammen – und er guckte in die Röhre. So konnte es auf keinen Fall weitergehen. Er wurde ja total benachteiligt! Seine ehemaligen Kollegen hatten hingegen von Anfang an die Zusatzleistung und jede Rentenerhöhung mitgenommen. Er musste unbedingt noch einmal eine Anfrage an die Rentenstelle schicken. Seine Frau fing mittlerweile auch schon an zu drängeln, dass er sich endlich Klarheit verschaffen solle.

Also verfasste Herr Pätzold ein Schreiben an die Rentenzentrale in Berlin, in dem er seine Unzufriedenheit und die empfundene Ungerechtigkeit zum Ausdruck brachte und sich danach erkundigte, inwieweit seine Zusatzzahlung bereits abgegolten war; so richtig errechnen konnte er sich die Summe ja selbst nicht. Wenig später erhielt er ein Antwortschreiben der Deutschen Rentenversicherung, doch um es richtig verstehen zu können, war ein Dolmetscher vonnöten. Und so machte sich Herr Pätzold erneut auf und ging zur örtlichen Rentenstelle.

In der Zwischenzeit war sein damaliger Sachbearbeiter wohl in Rente gegangen, jedenfalls wurde er an eine freundliche Dame weiterverwiesen. Sie erklärte ihm, dass das Gesetz, auf dem seine bisherige Rente beruhte, bereits 2007 geändert worden war und der verhängnisvolle Stichtag keine Bedeutung mehr hatte. Herr Pätzold war baff. Da hatte der ehemalige Beamte in der Rentenstelle aber richtig geschlafen! Wenn er nicht so hartnäckig gewesen wäre, hätte man ihn höchstwahrscheinlich ohne Rentenerhöhung zu Grabe getragen.

Tausende Fragen schwirrten ihm durch den Kopf: Werden die verpassten Erhöhungen nachgezahlt? Um wie viel Geld handelt es sich? Erfolgt die Nachzahlung ratenweise? Wie hoch wird die Rente ab jetzt ausfallen? Die Antworten waren überwältigend, und mit stolzgeschwellter Brust eilte Herr Pätzold nach Hause, um seiner Frau von dem unerwarteten Ausgang zu berichten.

An diesem Abend knallten bei den Pätzolds die Sektkorken. Wie zu erwarten hatte Frau Pätzold erst ihr „Ich-hatte-wieder-mal-recht“-Gesicht aufgesetzt und bedauerte, dass ihr Gatte die Sache nicht schon eher geklärt hatte. Dann aber freuten sich beide riesig über den vergoldeten Ruhestand.

Über den Autor

Uwe Waterstraat, Jahrgang 1949, wurde in Neubukow, Kreis Wismar, geboren und wuchs in Ostberlin auf. Er lebt seit der Wende im Land Brandenburg. Von Beruf ist er Diplom-Ingenieur für Geräte und Anlagen der Nachrichtentechnik. Er ist verheiratet und hat zwei erwachsene Kinder. »Storys aus dem Buch des Lebens« ist sein zweites Buch.